Acredite no amor

OSHO

Acredite no amor

Reflexões inspiradoras sobre
O profeta, de Khalil Gibran

Tradução de Maria Sylvia Corrêa

Copyright © 2014 OSHO International Foundation, Suíça. www.osho.com/copyrights.
Copyright da tradução © 2019 Alaúde Editorial Ltda.
Título original: *Speak to us of love - Selected chapters from an original series of 47 talks by Osho on Khalil Gibran's The Prophet.*

OSHO é uma marca registrada da Osho International Foundation (www.osho.com/trademarks), utilizada com permissão/licença.

Todos os direitos reservados. Nenhuma parte desta edição pode ser utilizada ou reproduzida – em qualquer meio ou forma, seja mecânico ou eletrônico –, nem apropriada ou estocada em sistema de banco de dados sem a expressa autorização da editora.

O texto deste livro foi fixado conforme o acordo ortográfico vigente no Brasil desde 1º de janeiro de 2009.

Preparação: Cacilda Guerra
Revisão: Ana Paula Uchoa (Ab Aeterno) e Claudia Vilas Gomes
Capa: Amanda Cestaro
Imagem de capa: Rita Ko (Flores), Forest Foxy (Raios de luz) / ShutterStock.com
Projeto gráfico: Rodrigo Frazão

1ª edição, 2019
Impresso no Brasil

Dados Internacionais de Catalogação na Publicação (CIP)
(Câmara Brasileira do Livro, SP, Brasil)

Osho, 1931-1990
    Acredite no amor : reflexões inspiradoras sobre O profeta, de Khalil Gibran / Osho ; tradução de Maria Sylvia Corrêa. -- São Paulo : Alaúde Editorial, 2019.

    Título original: Speak to us of love : selected chapters from an original series of 47 talks by Osho on Khalil Gibran's The Prophet.

    ISBN 978-85-7881-585-1

    1. Desenvolvimento pessoal 2. Filosofia de vida 3. Gibran, Kahlil, - 1883-1931. - O profeta I. Título. 4. Zaratustra I. Título.

19-24061   CDD-204.4

Índices para catálogo sistemático:
1. Desenvolvimento pessoal : Vida espiritual 204.4

Iolanda Rodrigues Biode - Bibliotecária - CRB-8/10014

2019
Alaúde Editorial Ltda.
Avenida Paulista, 1337
Conjunto 11, Bela Vista
São Paulo, SP, 01311-200
Tel.: (11) 5572-9474
www.alaude.com.br

Sumário

Prefácio   7

1   Amor: Fala-nos do Amor   13
2   Amor: O amor não é possessivo   31
3   Casamento: Mas não o casamento que você conhece   45
4   Filhos: O anseio da vida por mais vida   61
5   Dádiva: Quando você se dá   83
6   Trabalho: Como tornar visível o seu amor
    pela existência   103
7   Liberdade: A essência íntima da liberdade   121
8   Razão e paixão: Sem conflito   145
9   Amizade: Da amizade ao afeto   161
10   Prazer: A semente da felicidade   181

Prefácio

Khalil Gibran é pura música, e é tal o seu mistério que apenas a poesia, às vezes, consegue alcançar, mas só às vezes.

Passaram-se séculos, grandes homens existiram, mas Khalil Gibran é único. Não consigo imaginar que seja possível, mesmo no futuro, existir outro homem com tamanha profundidade na percepção do coração humano, do desconhecido que nos rodeia.

Ele fez algo impossível. Conseguiu traduzir pelo menos alguns fragmentos do desconhecido em linguagem humana. Elevou a linguagem e a consciência humanas como nenhum outro homem fez. É como se, por meio de Khalil Gibran, todos os místicos, todos os poetas, todas as almas criativas tivessem se dado as mãos e compartilhado o que traziam em si mesmos.

Contudo, embora tenha sido extremamente bem-sucedido em tocar as pessoas, ele ainda achava que não expressava toda a verdade, mas um lampejo dela apenas. Acontece que enxergar um lampejo da verdade já é o início de uma peregrinação que leva ao definitivo, ao absoluto, ao universal.

Mas gostaria de dizer algumas coisas antes de fazer os meus comentários sobre o pensamento de Khalil Gibran.

Primeiro, certamente ele é um grande poeta, talvez o maior que tenha nascido nesta Terra, mas não é um místico – e há uma tremenda diferença entre um poeta e um místico. De vez em quando, o poeta se vê de repente no mesmo espaço que o místico. Nesses momentos raros, chovem rosas sobre ele.

Nessas raras ocasiões, ele é quase um Buda – mas, lembre-se, estou dizendo *quase*.

Porém, esses momentos raros vêm e vão, o poeta não tem domínio sobre eles. São momentos que chegam em forma de brisa e fragrância e, quando nos damos conta, já se foram.

A genialidade do poeta está em captar esses momentos em palavras. Na realidade, esses momentos acontecem em sua vida também. São presentes gratuitos da existência – ou, em outras palavras, lampejos que vão provocar em você uma busca, um desejo de chegar a um ponto em que esse espaço se torne a sua própria vida, o seu sangue, os seus ossos, a sua medula. Você vai respirá-los, seu coração vai pulsá-los. Você nunca conseguirá perdê-los, mesmo que queira.

Por alguns instantes, o poeta pode ser um místico, enquanto o místico é sempre um poeta.

Porém, isso sempre gerou uma questão muito difícil, e ninguém conseguiu resolvê-la. Essa questão já foi levantada inúmeras vezes, em todo o mundo: se o poeta consegue criar tanta beleza, tanta poesia apenas com lampejos da verdade – as palavras ganham vida assim que ele as toca –, por que os místicos não conseguiram produzir o mesmo tipo de poesia? Eles vivem nesse estado criativo 24 horas por dia, mas suas palavras não apresentam a mesma beleza. Até as palavras de Buda ou de Jesus Cristo ficam muito longe das palavras de gente como Khalil Gibran, Mikhail Naimy e Rabindranath Tagore. É estranho isso, com certeza, pois as pessoas que têm apenas *pequenos lampejos* criam tanto, e as pessoas que têm a consciência universal à sua disposição, despertas ou dormindo, o que acontece com elas? Por que não conseguiram produzir algo do nível de gente como Khalil Gibran? Ninguém deu essa resposta.

A minha própria experiência diz que, se um mendigo encontrar uma mina de ouro, ele vai cantar, vai dançar e vai ficar doido de alegria – mas um imperador, não.

De vez em quando, um poeta vira imperador – mas só de vez em quando; vai daí que ele não pode achar isso natural. Mas o místico não experiencia um mero momento de fusão com a consciência universal – ele *está* fundido com ela. Não há caminho de volta.

Aqueles pequenos lampejos podem ser traduzidos em palavras porque são apenas gotas de orvalho. Mas o místico se tornou oceano, logo, a sua canção é o silêncio. Todas as palavras parecem tão impotentes, nada parece ser capaz de transformar a sua experiência em qualquer forma de comunicação. O oceano é tão imenso, e o místico vive continuamente em unidade com ele; assim, naturalmente, ele mesmo se esquece de que está separado.

Para criar, você tem de estar presente. Para cantar uma canção, você tem de estar presente. Mas o místico se tornou a canção. Sua presença é sua poesia. Você não consegue imprimi-la, você não pode pintá-la, você só pode sorvê-la.

Uma coisa é comunicar-se com um poeta, mas estar em comunhão com um místico é totalmente diferente. Por isso é bom começar pelos poetas, porque, se você não consegue nem absorver gotas de orvalho, o oceano não é para você. Ou, melhor dizendo, você não é para o oceano. Para você, até as gotas de orvalho vão se parecer com um imenso oceano.

Khalil Gibran escreveu quase trinta livros. *O profeta*, que nós vamos comentar, é o seu livro mais conhecido; os demais não têm o mesmo valor. Trata-se de um fenômeno estranho – o que terá acontecido com esse homem? Quando escreveu esse livro ele era bem jovem, tinha 21 anos. Imaginava-se que viriam muitos outros. Ele tentou com afinco; escreveu a vida toda, mas nada chegou perto da beleza e da verdade de *O profeta*. Talvez a janela nunca mais tenha se aberto.

Um poeta é um místico acidental. É só um acaso: uma brisa vem, você não consegue provocar isso. E, no caso de Gibran, como ele se tornou mundialmente famoso – esse livro deve ter sido traduzido em quase todos os idiomas do mundo –, ele se esforçou para fazer algo melhor, e foi aí que falhou. Lamentavelmente ele nunca encontrou alguém que lhe dissesse uma verdade simples: "Você não se esforçou para criar *O profeta*, ele simplesmente *aconteceu*. E agora você está tentando *fazer* algo. Ele aconteceu; não veio do seu fazer. Talvez você tenha sido apenas um instrumento de algo que não era seu…" – assim como uma criança nasce de uma mãe.

A mãe não pode dar origem à criança, ela é simplesmente um caminho. *O profeta* pertence à categoria de um número muito pequeno de livros que não dependem da sua ação, da sua inteligência, de você. Ao contrário, eles só são possíveis quando você não está, quando permite que aconteçam, quando você não fica no caminho. Você está tão relaxado que não atrapalha.

O profeta é um desses livros raros. Nele, você não vai encontrar Khalil Gibran – nisso está a beleza do livro. Gibran permitiu que o universo fluísse através dele; ele é apenas um meio, um caminho, apenas um bambu oco que não prejudica o flautista.

Em minha experiência, livros como *O profeta* são mais sagrados do que os assim chamados livros sagrados. E porque esses livros são autenticamente sagrados, não conseguem criar uma religião em torno de si. Não oferecem a você nenhum ritual, não oferecem nenhuma disciplina, não apresentam nenhum mandamento. Apenas permitem que você tenha um lampejo da mesma experiência que aconteceu com eles.

A experiência completa não pode ser traduzida em palavras. Mas, quem sabe, apenas uma pequena parte – talvez não a rosa inteira, mas algumas pétalas… Elas já são prova suficiente de que a rosa existe. Sua janela só precisa estar aberta, de modo que a brisa às vezes possa lhe trazer pétalas.

Na verdade, essas pétalas que chegam a seu ser através da brisa são convites do desconhecido. A existência está lhe fazendo um chamado para uma longa peregrinação. A menos que faça essa peregrinação, você vai continuar levando uma vida sem sentido, meio se arrastando, mas não vivendo de fato. Não haverá alegria no seu coração.

Khalil Gibran evita seu próprio nome, criando um nome fictício: Al-Mustafá. Assim começa *O profeta*. Al-Mustafá é o profeta.

Grandes verdades só podem ser ditas em parábolas.

Osho
Reflexões sobre O profeta, *de Khalil Gibran*

Capítulo 1

Amor
Fala-nos do Amor

Então, Almitra disse: "Fala-nos do Amor".

E ele ergueu a fronte e olhou para a multidão, e um silêncio caiu sobre todos, e com uma voz forte, ele disse:

"Quando o amor vos chamar, segui-o,

Embora seus caminhos sejam agrestes e escarpados;

E quando ele vos envolver com suas asas, cedei-lhe,

Embora a espada oculta na sua plumagem possa ferir-vos;

E quando ele vos falar, acreditai nele,

Embora sua voz possa despedaçar vossos sonhos como o vento devasta o jardim.

Pois, da mesma forma que o amor vos coroa, assim ele vos crucifica.

E da mesma forma que ele contribui para vosso crescimento, trabalha para vossa poda.

E da mesma forma que ele sobe à vossa altura e acaricia vossos ramos mais tenros que se embalam ao sol,

Assim também desce até vossas raízes e as sacode no seu apego à terra.

Como feixes de trigo, ele vos aperta junto ao seu coração.

Ele vos debulha para expor a vossa nudez.

Ele vos peneira para libertar-vos das palhas.

Ele vos mói até a extrema brancura.

Ele vos amassa até que vos torneis maleáveis.

Então, ele vos leva ao fogo sagrado e vos transforma no pão místico do banquete divino.

Todas essas coisas, o amor operará em vós para que conheçais os segredos de vossos corações e, com esse conhecimento, vos convertais no pão místico do banquete divino.

Todavia, se no vosso temor procurardes somente a paz do amor e o gozo do amor,
Então seria melhor para vós que cobrísseis vossa nudez e abandonásseis a eira do amor,
Para entrar no mundo sem estações, onde rireis, mas não todos os vossos risos, e chorareis, mas não todas as vossas lágrimas."[*]

Quem compreendeu o significado da vida só dialogou com quem compreendeu o amor, pois o significado da vida é o amor. Pouca gente se deu conta de que o amor é a nossa chama. O que nos mantém vivos não é o alimento, é o amor – e ele não só nos mantém vivos como também nos oferece uma vida de beleza, verdade, silêncio e milhares de outras preciosidades.

Veja, o mundo pode ser dividido em duas partes: o mundo onde tudo tem um preço e o mundo onde preço não tem sentido nenhum. Ali onde o preço não é relevante os valores aumentam. Preço é para coisas inanimadas.

E a vida não reconhece o que é inanimado. Mas o homem continua ignorando essa simples verdade. Ele até tenta comprar o amor; se não fosse assim, não existiriam prostitutas. Na verdade, não é apenas uma questão de haver prostitutas. Afinal, o que são os casamentos? A prostituição institucionalizada.

Lembre-se, a menos que você adentre um mundo de valores em que nem dinheiro, nem poder, nem respeitabilidade

---

[*] Para todos os trechos de *O profeta* citados neste livro, usamos a seguinte edição: Gibran, Gibran Khalil. *O profeta*. Tradução de Mansour Challita. Rio de Janeiro: Associação Cultural Internacional Gibran, 1972. (N. da T.)

sirvam para coisa alguma, você não há de ter uma vida autêntica. O sabor da vida é o amor.

Contudo, como o homem está muito habituado a comprar tudo, ele se esquece de que o próprio esforço para comprar algo que não pode ser adquirido é um assassinato. O marido exige o amor da esposa porque a comprou, e isso também acontece com a esposa. Porém, ambos não se dão conta de que estão se matando. Não percebem que, no instante em que o preço penetra no amor, o amor morre.

O amor é muito delicado, sagrado. Mas em todos os nossos relacionamentos tentamos reduzir o outro a um objeto. A "esposa" vira um objeto. Se você for inteligente, deixe que ela seja apenas mulher. O "marido" não se sente mais vivo. Permita que ele tenha liberdade, pois só em liberdade o amor floresce.

Mas o homem, em sua extrema burrice, destrói tudo que tem valor. Quer até comprar Deus. Quanta cegueira! As pessoas que podem *pagar* – lembre-se da palavra "pagar" – constroem templos particulares. É possível comprar imagens, mas, seja lá o que você venha a fazer com elas, isso é insensato. Uma imagem comprada jamais se tornará um deus vivo. Mas as pessoas não compram apenas as imagens, elas também adquirem um sacerdote para fazer louvores.

Eu mesmo já vi sacerdotes correndo de uma casa a outra porque tinham de rezar pelo menos em dez ou doze templos para sobreviver. E essas pessoas que compram até orações acham que estão sendo muito virtuosas. Mas são pecadoras!

A sua vida não vai florescer se ela não tiver algo inestimável. Você tem algo inestimável na vida?

Até a vida as pessoas andam vendendo! Afinal, o que são os soldados, milhares mundo afora? Eles se venderam, e a sua única função é matar e ser mortos. Mas, do meu ponto de vista, isso pouco importa, eles já se mataram assim que se venderam. Podem até estar respirando, mas respirar não é viver. Árvores respiram, vegetais respiram. Repolhos e couves-flor respiram, mas não estão vivos nem sabem nada de amor. Têm etiquetas com preços – talvez o repolho seja mais barato, a couve-flor, um pouco mais cara... pois a couve-flor não passa de um repolho com diploma universitário. Mas não façamos isso com seres humanos.

Se você não pode adquirir um objeto, tampouco pode possuí-lo. No sono profundo em que vive, acha até que é dono de seus filhos, sem perceber jamais que a própria posse – "Este é *meu* filho" – é um assassinato. As crianças saem de você, mas pertencem ao universo. Você é apenas um caminho. Mas você se esforça para que seu filho tenha o seu nome de família, a sua religião, a sua ideologia política. Ele deve ser apenas um objeto submisso.

Quando eu era estudante da universidade, o governo indiano aprovou uma resolução segundo a qual, a menos que o aluno tomasse parte do treinamento do exército, não receberia o grau de pós-graduado. Isso era compulsório. Abordei o vice-reitor e disse: "Adoraria ficar sem meu diploma. Não estou interessado em participar de um treinamento que não passa de um processo psicológico de destruição da consciência, que vai me reduzir a um número e nada mais".

Pois no exército, quando alguém morre, o anúncio no quadro de avisos afirma: "Número 16 morreu". Quando você lê que o "número 16 morreu", nada lhe toca o coração, pois o número 16 não tem esposa, nem filhos, nem mãe e pai idosos de quem precisa cuidar. Números não geram crianças. Isso é uma estratégia. Mas, se você vê um nome, se sente triste de imediato. O que será das crianças, da esposa e do pai idoso que esperava ver esse filho de volta ao lar? Mas ele não sabe que o seu filho já não existe, pois ele virou o número 16. O número 16 pode ser substituído e *será* substituído. Outro número 16 vai tomar o lugar dele.

Não é possível substituir um ser humano vivo – um número morto, sim. E isso não acontece apenas com soldados: se você pensar bem, verá que permitiu que um monte de gente o transformasse em número. Até as pessoas que dizem gostar de você só querem ter você, explorá-lo. Você é um objeto das vontades e desejos delas.

O amor não está disponível no mercado. Para amar é preciso compreender que a existência não é uma existência dormente. Ela é cheia de luz, transbordante de amor, mas para experienciar esse amor você tem de estar em sintonia com um mundo de valores.

Al-Mustafá não respondeu às perguntas de algumas pessoas. Talvez elas não valessem essa atenção. Tinham perdido a alma: um era governador; outro, presidente. Governadores, presidentes e primeiros-ministros não têm alma; caso contrário, seria impossível a um homem como Josef Stalin matar milhões de russos. E estes nem eram capitalistas – a Rússia nunca foi uma nação rica –, eram pessoas pobres, mas não queriam ser dominadas por ninguém e se rebelaram contra a escravidão. Antes, tinham sido mortas pelos czares durante séculos, mas Stalin superou todos os czares.

Porém, fico pensando, às vezes, que talvez ele tenha matado apenas pessoas dormentes, já mortas. Adolf Hitler matou 6 milhões de seres humanos, mas talvez não seja o caso de condená-lo, pois esses 6 milhões já tinham perdido a alma muito antes disso. Um tinha se tornado marido; outro, esposa; e outro, pai; outro ainda, mãe...

No mundo natural, uma mulher é apenas uma mulher – não uma dama. Uma dama é uma mulher vivendo uma vida póstuma. Na natureza, há homens autênticos – puros, enraizados no chão –, mas você não vai encontrar um cavalheiro. Eles são os hipócritas que já morreram há muito tempo e que só estão respirando, comendo, arrastando-se do berço até a cova. Se estivessem mesmo vivos, saberiam o segredo que existe entre o nascimento e a morte.

Al-Mustafá realmente se recusou a responder a essas pessoas, que talvez fossem instruídas, ricas, mas cujas questões eram falsas. Suas dúvidas eram americanas.

Quero lembrar: a palavra *"phony"* [falso] teve origem nos Estados Unidos. É derivada de *"telephone"*. Você já observou a mudança na voz em uma conversa ao telefone? A voz não é a mesma, o timbre não é o mesmo, e ninguém sabe ao certo se do outro lado há outra pessoa ou um fantasma.

Eu ouvi dizer…

Um importante psicanalista estava tratando de um milionário. Embora seus honorários estivessem acima das possibilidades de inúmeras pessoas, não significavam nada para esse homem riquíssimo.

Assim, o homem rico prosseguiu no tratamento. Um ano se passou, e ele continuava se deitando no divã do psicanalista, onde dizia coisas absurdas, do tipo que passa pela sua cabeça também; esse tipo de coisa que guardamos para nós, mas na psicanálise precisamos botar para fora.

O psicanalista começou a ficar entediado, mas não podia se livrar do milionário porque ele lhe rendia muito dinheiro. Por fim ele encontrou uma solução bem americana. Disse ao homem rico: "Tenho muitos outros pacientes e às vezes as suas sessões levam muitas horas. Você tem tempo e dinheiro, por isso lhe sugiro humildemente: vou deixar aqui um gravador que vai ouvir você. Eu poupo essas horas e à noite, quando tiver tempo, escuto a gravação".

O milionário respondeu: "Ótimo!"

Quando o psicanalista chegou ao seu consultório no dia seguinte, ele viu o milionário saindo. "Rápido assim? Já terminou?"

O homem respondeu: "Não, é que eu trouxe o meu gravador. Ele pode conversar com o seu gravador. Para que gastar cinco horas, se os gravadores conseguem fazer isso? Para que vir todos os dias?"

É assim que, lentamente, o homem vai ficando cada vez mais mecânico. Ele fala, leva a vida, mas é como se fosse um robô.

Dale Carnegie, um dos mais famosos filósofos norte-americanos – que não seria reconhecido como filósofo em nenhum outro lugar a não ser nos Estados Unidos –, escreveu *Como fazer amigos e influenciar pessoas*, livro que só não vendeu tanto quanto a Bíblia. E é um livro bem ruinzinho. Ele aconselha que todo marido deve dizer à esposa pelo menos três ou quatro vezes por dia: "Querida, amo tanto você, não consigo viver sem você. Não consigo me imaginar sem você". Se isso é significativo ou não para a pessoa, não importa.

Você percebe a falsidade? Se você estiver amando, é difícil dizer "Eu te amo", pois as palavras não são suficientes. Repetir isso três, quatro vezes, em uma rotina mecânica, não tem significado nenhum, você não vai passar de um disco riscado: "Querida, eu te amo". E a querida responde, mas no fundo ambos se odeiam. "Essa mulher acabou com a minha liberdade." "Esse homem me aprisionou."

O amor é o valor maior. Por isso Jesus dizia: "Deus é amor". Mas essa afirmação tem 2 mil anos, precisa ser aperfeiçoada, atualizada. Deus não é amor.

Digo a você: amor é Deus. Existe uma enorme diferença entre as duas afirmações, embora as palavras empregadas sejam as mesmas. Se Deus é amor, isso significa apenas que essa é só uma das qualidades de Deus. Talvez ele tenha muitas outras, talvez seja sábio, justo, honesto, misericordioso.

Mas quando alguém diz "Amor é Deus", a declaração é completamente distinta. A própria santidade se torna uma qualidade de quem sabe amar. Não há então necessidade de acreditar em Deus, pois ele é apenas uma hipótese. E cabe a você saber o que fazer com isso.

O Deus judaico do Antigo Testamento afirma: "Sou um Deus muito bravo, sou muito ciumento. Não sou simpático! Lembre-se, não sou seu tio! Não suporto outro Deus". Os muçulmanos herdaram a concepção judaica de Deus. Por isso destroem imagens e templos, lindas obras de arte. Para eles existe apenas um único Deus, um livro sagrado e um mensageiro – Maomé. Trata-se de uma atitude fascista, feia, desumana. Qual é o problema se existirem milhares de deuses? O mundo seria muito mais rico. Por que se prender a um Deus?

Judaísmo, cristianismo, islamismo, todas essas religiões que acreditam em um único Deus acreditam em ditadura, não em democracia. Qual é o problema?

Talvez Sidarta Gautama, o Buda, seja o primeiro religioso democrático, que afirma que todo homem é um deus em potencial e que todos vão desenvolver sua divindade. Isso é bonito.

Al-Mustafá não respondeu às perguntas dessas pessoas. Ao contrário, ele se lamentou, chorou, seus olhos ficaram marejados, pois as dúvidas delas eram falsas. Só faziam perguntas a fim de mostrar aos outros a sua instrução. Você sabe muito bem a diferença entre uma pergunta engenhosa e uma busca autêntica. Quando você quer exibir conhecimento, sua dúvida não vem do coração – você só questiona para mostrar que não é ignorante.

Na verdade, antes mesmo de fazer a pergunta, você já sabe a resposta – não devido à sua própria experiência, mas por tê-la tomado emprestada.

Um grande filósofo contemporâneo de Buda foi visitá-lo, levando consigo quinhentos discípulos. Buda jamais se recusou a receber ninguém. Mesmo em seus últimos dias de vida, ele perguntava se alguém tinha alguma dúvida, pois, segundo ele: "Agora, estou partindo, o meu navio chegou. Não quero que as futuras gerações digam que Buda estava vivo, mas não respondeu a perguntas genuínas".

Buda perguntou ao filósofo: "Você tem uma pergunta ou uma busca?"

O filósofo disse: "Qual é a diferença?"

Buda respondeu: "A diferença é intransponível, como da terra ao céu. A busca é como a sede. A pergunta é um jogo mental. Se você tem uma missão, estou pronto a responder. Mas, se é apenas uma pergunta, poupe meu tempo".

Al-Mustafá não respondeu às indagações das pessoas entre as quais tinha vivido durante doze anos e que nunca lhe tinham perguntado nada. Mas quando quem perguntou foi Almitra, a mulher que o reconhecera em seu primeiro dia na cidade de Orphalese, ele respondeu. E o fez com muita beleza, poesia e verdade. Talvez ninguém mais tenha dado respostas dessa maneira – nem mesmo Krishna, que respondeu a inúmeras questões de seu discípulo Arjuna.[*]

Talvez as perguntas de Arjuna sejam genuínas, mas as respostas de Krishna não são. Sua preocupação é inteiramente política – convencer Arjuna a participar de uma guerra. Assim, ele vai dando respostas diferentes, que se contradizem. Quando percebe que essas respostas não estão convencendo Arjuna, apela para o último recurso que qualquer ditador tende a usar.

Ele diz: "É da vontade de Deus que você participe da guerra". É estranho que Deus fale com ele e não diretamente com Arjuna. Se eu estivesse no lugar de Arjuna, diria: "Talvez seja a vontade de Deus para *você* – lute! Na minha opinião, a vontade divina é que eu não lute, e sim renuncie a essa insensatez de destruir e matar as pessoas e vá meditar no Himalaia".

Porém, ele teve medo. Se é da vontade de Deus, ele deve lutar. Mas se esqueceu de algo simples: por que Deus sempre precisa de mediadores? Por que ele não fala diretamente?

---

[*] Referência ao célebre diálogo entre Krishna e Arjuna, no *Bhagavad Gita*, texto religioso hindu. (N. da T.)

Na verdade, não existe nenhum Deus. Esses mediadores são as pessoas mais ardilosas do mundo. Em nome de Deus, impõem as próprias ideias. Como não conseguem se impor por meio de argumentos, a sua derradeira estratégia é apelar para Deus.

Sempre me perguntei: a sua dúvida verdadeira diz respeito a Deus? Talvez seja filosófica, intelectual, hipotética, mas o que você faria se se encontrasse com Deus? E qual é a razão de encontrar Deus? Não, essa não é a verdadeira busca da humanidade.

Almitra não diz a Al-Mustafá: "Fala-nos de Deus". Ela pede:

"Fala-nos do Amor."

É importante observar que apenas a mulher pode perguntar sobre o amor. O homem quer conhecer Deus ou se tornar Deus. Trata-se de uma jornada de poder. Amor não é jornada de poder. O amor é a única experiência que nos torna humildes, simples, puros.

E o que diz Al-Mustafá? Medite sobre o amor. Cada palavra tem um significado profundo:

E ele ergueu a fronte e olhou para a multidão,

Antes de responder, você precisa examinar o coração das pessoas e enxergar se ali existe alguma agitação, se o amor é sua busca. Almitra fez a mais fundamental das perguntas. Mas e as pessoas que tinham se juntado ali?

e um silêncio caiu sobre todos,

Um silêncio profundo, pois eram pessoas humildes. E, enquanto Al-Mustafá observava seus olhos, seu rosto, houve um silêncio imenso. Essas pessoas humildes queriam de fato saber o mesmo que Almitra. Talvez não fossem articuladas o suficiente para fazer a pergunta, por isso Almitra era a sua voz, representando o seu coração. Percebendo isso:

e com uma voz forte, ele disse:
"Quando o amor vos chamar, segui-o,

Não duvide, não seja cético, pois o amor o está levando na direção de algo que você nunca conheceu. Embora você tenha a semente... Mas a semente ainda não conhece a própria flor. *Quando o amor vos chamar* – que bênção –, *segui-o...*

Embora seus caminhos sejam agrestes e escarpados;

O amor não é apenas um leito de rosas.

E quando ele vos envolver com suas asas, cedei-lhe,

Não resista, não hesite, não vá sem convicção. Não seja frágil.

Embora a espada oculta na sua plumagem possa ferir-vos;

Certamente, o amor machuca as pessoas, mas trata-se de ferida cirúrgica. Você carrega tanta raiva que é preciso destruí-la. Talvez você sinta essa ferida por algum tempo, nesse espaço vazio onde a raiva se abrigava.

E quando ele vos falar, acreditai nele,

Lembre-se, Al-Mustafá não está dizendo "acredite no que ele diz". Está dizendo: "quando ele falar, acredite nele". É sutil a distinção. Se estou falando com você, pode acreditar no que estou dizendo – isso sai da cabeça, mas não vai ajudar em nada, porque amanhã alguém pode dizer o contrário, com argumentos melhores, mais lógica, e então você vai mudar de ideia.

Al-Mustafá está dizendo "acredite nele", não no que ele está dizendo. Essa é uma afirmação com um potencial tremendo. Sempre que o mestre fala, não se preocupe demais com suas palavras. Se as palavras só ajudam você a acreditar na autenticidade do mestre, elas já cumpriram o seu papel. Quando você acredita em uma pessoa, isso vem do coração, não do argumento. Quando você acredita em palavras, isso vem da cabeça, é só argumento.

A vida não é um argumento, e o amor não é um argumento. É um encontro de dois corações, dois seres – dois corpos que se tornam um. É isso que Al-Mustafá está dizendo:

> Embora sua voz possa despedaçar vossos sonhos

Ele vai esfacelar seus sonhos. Vai abalar seu sono, vai abalar você. Acreditar apenas em palavras não vai abalar nada. Ao contrário, você vai ficar mais instruído e seu ego, mais bonito.

> Embora sua voz possa despedaçar vossos sonhos como o vento devasta o jardim.
> Pois, da mesma forma que o amor vos coroa, assim ele vos crucifica.

Nunca antes alguém tinha exprimido em uma única frase toda a alquimia da transformação humana. O amor vai coroar você, mas também vai crucificá-lo. Vai crucificar o que você tem sido, o seu passado, e vai coroar o seu futuro, o que você deve vir a ser. O amor é coroação e crucificação. Por isso, milhares de pessoas não compreendem a glória do amor. Essa crucificação lhes dá medo – e por que ser coroado se a crucificação vem depois?

Mas você não é um, você é muitos. O seu verdadeiro eu vai ser coroado, e as personalidades falsas vão ser crucificadas, e esses processos serão simultâneos. De um lado, morte; de outro lado, ressurreição.

E da mesma forma que ele contribui para vosso crescimento, trabalha para vossa poda.

Você cultivou muitas coisas ruins em sua vida. Elas precisam ser podadas, e essa poda não vai prejudicar o seu crescimento. Na verdade, essas coisas ruins que você acumulou – ciúme, dominação, esforço contínuo para ser superior – não vão permitir que você experiencie o amor.

Quando leio essa frase, me lembro de Mukta, minha jardineira. Ela está sempre podando as minhas árvores. Sei que *é* certo o que ela faz, pois, se não houver poda, as árvores não crescem. Mas sempre que ela me vê – de vez em quando saio do quarto – ela esconde a tesoura de poda. Mukta, a partir de hoje não precisa mais esconder a tesoura, mas faça a poda apenas do que prejudica o crescimento da árvore; não pode de acordo com a sua ideia de como a árvore deveria ser. Deixe a árvore ser ela mesma, dê-lhe liberdade, pois, se o jardineiro não ama suas árvores, quem mais vai amá-las? Faça poda sempre que perceber que isso vai lhes proporcionar mais crescimento, mais folhagem, mais flores.

Não sou contra podas. Há seis anos eu lhe disse que não fizesse isso porque havia uma linda trepadeira na cerca do meu jardim. Mas ela era selvagem, e Mukta é grega. A fim de fazer a poda, ela apelidou a planta de "monstro". Essa é uma das estratégias da mente humana – sempre que você quer acabar com alguma coisa, primeiramente dê-lhe um nome, e isso vira um argumento. A coitada da trepadeira não era um monstro. Sim, era selvagem, mas ser selvagem não significa ser monstruosa. *Eu* sou selvagem. Você acha que pode me podar? Jamais cortei um fio de pelo sequer da minha barba, eles são todos originais. Vocês não têm barbas originais. Há alguns dias, alguém perguntou: "Osho, tudo o que você diz me toca o coração, mas ainda tenho uma dúvida: como você consegue comer?"

Eu entendo essa pergunta, pois o bigode nunca aparado praticamente cobre os meus lábios. É por isso que nunca faço as refeições com vocês, mas sempre sozinho, a fim de proteger os meus pelos originais. Não é muito fácil...

> E da mesma forma que ele sobe à vossa altura e acaricia vossos ramos mais tenros que se embalam ao sol,

Você vai gostar quando o amor atingir a sua altura com ternura, acariciando os seus ramos, que dançam ao vento, no sol e na chuva. Mas isso ainda não é nada.

> Assim também desce até vossas raízes e as sacode no seu apego à terra.

E você não pode escolher uma coisa e evitar a outra. O amor é um fenômeno sólido, que não pode ser fragmentado. Assim como sua altura precisa ser banhada de amor, é preciso chacoalhar as suas raízes apegadas à terra, pois todo apego é um aprisionamento. O amor gostaria de lhe dar asas para voar, mas é impossível voar em céu aberto com uma mente aprisionada e cheia de apegos. A fim de se fincar na terra você cultivou raízes profundas, de modo que ninguém consegue balançá-lo. Isso se deveu ao medo, mas o medo está do lado oposto da liberdade.

Não se apegue a nada, nem mesmo à pessoa que você ama. O apego vai destruir justamente o amor ao qual você se apegou. Não seja servil.

Ouvi dizer que...

Um grande guerreiro da liberdade foi descansar nas montanhas. No caminho, parou para repousar em um caravançarai. O dono do lugar tinha um lindo papagaio e, para combinar com a beleza do animal, ele tinha feito uma gaiola de ouro incrustada de diamantes. O dono também amava a liberdade, então ensinou o papagaio a falar uma única palavra: "Liberdade". O dia inteiro o papagaio ficava gritando: "Liberdade! Liberdade!", e sua voz ecoava sempre pelo vale.

Esse guerreiro da liberdade pensou: "Que estranho. Conheço o dono do papagaio, é meu amigo. Sei do seu apreço pela liberdade, por isso ensinou a seu papagaio essa única palavra – *liberdade*. Mas isso é muito contraditório. Se ele ama a liberdade, que deixe o papagaio ser livre. Até a gaiola de ouro incrustada de diamantes não é liberdade". Então, ele esperou. No meio da noite, o papagaio gritou de novo: "Liberdade! Liberdade!" E seu grito ecoou longe no silêncio ao redor.

O homem acordou. O dono do animal estava dormindo, e não havia ninguém ali. Ele abriu a portinha da gaiola e esperou. "Ao ver a porta aberta", pensou, "esse papagaio tão amante da liberdade vai sair voando." Mas, em vez disso, o papagaio agarrou-se com firmeza à sua gaiola dourada.

O guerreiro da liberdade, porém, não era homem a ser derrotado por um papagaio. Ele enfiou a mão na gaiola e o puxou para fora. Enquanto fazia isso, o papagaio bicava e arranhava sua mão, sempre gritando: "Liberdade! Liberdade!" O homem ficou com a mão sangrando, mas lançou o papagaio no ar dessa noite de lua cheia. Sua mão doía, mas ele se sentiu profundamente satisfeito com a liberdade do papagaio.

Voltou a dormir. Pela manhã, foi despertado com a mesma voz gritando: "Liberdade!". "Meu Deus, ele voltou!" Viu então que a porta continuava aberta, mas o papagaio estava dentro da gaiola.

O amor vai acariciar você. Mas também vai tocar as suas raízes mais profundas e sacudi-las a fim de libertá-lo.

Não devemos jamais nos esquecer: a maioria de nós vive em contradição. De um lado, queremos liberdade; de outro, continuamos presos a alguma coisa. A liberdade é um risco. O papagaio se sente seguro e protegido na gaiola. Em liberdade, embora diante de uma existência plena, todo o céu, ele perde essa segurança e proteção.

A liberdade, porém, tem tamanha importância que vale o sacrifício de qualquer coisa. E o amor precisa de liberdade total para crescer. Só assim você transforma o céu em um lar. As pessoas que têm medo da insegurança, do risco, gostam da palavra "amor", mas nunca a vivenciam.

Se você deseja experienciar o amor, tem de arriscar tudo – todos os apegos, a segurança futura. Mas em vez de sacrificar apegos, proteção e segurança, a humanidade, em seu sono profundo, prefere sacrificar o amor e preservar a segurança.

É assim o seu casamento – o amor é sacrificado. Existe segurança, obviamente, no casamento há segurança, proteção. Existe a garantia de que amanhã a sua esposa vai estar ali disponível, o seu marido vai estar ali tomando conta de você. Mas e o amor? "Amor" vira uma palavra vazia.

Então, tome cuidado com as palavras vazias, sobretudo palavras como "amor", que são maiores do que Deus – Deus é apenas uma característica do amor. Não saia por aí carregando um recipiente vazio, sem conteúdo. Reside nisso o seu sofrimento, o sofrimento de toda a humanidade. Ninguém ama.

O amor é arriscado. Quero ensinar você a correr todos os riscos, pois um único instante de amor equivale a toda a eternidade. E uma vida sem amor pode até ser imortal, mas será como um cemitério. Nada vai florescer. Você vai se sentir seguro, mas o que fará com essa segurança?

Como feixes de trigo, ele vos aperta junto ao seu coração.

Mas, se você estiver apegado a alguma coisa, como é que a existência, ou Deus, ou o amor pode unir você a ele?

Ele vos debulha para expor a vossa nudez.

Porque você está pleno de muitas personalidades falsas. O seu rosto não é o seu rosto original. Há muitas máscaras.

Ele vos debulha para expor a vossa nudez.
Ele vos pencira para libertar-vos das palhas.
Ele vos mói até a extrema brancura.

É preciso compreender a palavra "brancura" – não se trata da cor. Mesmo tendo todo o arco-íris, você vai sentir falta de duas cores com as quais se habituou: preto e branco. Então, por que todos os místicos condenaram o preto e enalteceram o branco?

O branco não é uma cor, mas *todas* as cores. Se você misturar todas as cores do arco-íris, surge o branco. Portanto, o branco é a grande síntese de todas as cores da vida. E, se você retirar todas as cores, então surge o preto. O preto é a negatividade, o preto é o não. Preto é morte.

Branco é positividade, branco é sim, branco é divindade. Branco é amor.

Ele vos amassa até que vos torneis maleáveis.
Então, ele vos leva ao fogo sagrado e vos transforma no pão místico do banquete divino.

Todas as religiões do mundo sempre ensinaram o jejum. Al-Mustafá está se referindo a um banquete. Discordando de todas as religiões, concordo com Al-Mustafá. A vida não é um jejum, é um banquete contínuo – uma celebração, um festival de luzes.

O amor transforma a sua vida num festival de luzes.

Lembre-se, a menos que a sua vida se torne um festim e um festival, você não cumpriu o que veio fazer nesta terra.

> Todas essas coisas, o amor operará em vós para que conheçais os segredos de vossos corações e, com esse conhecimento, vos convertais no pão místico do banquete divino.
>
> Todavia, se no vosso temor procurardes somente a paz do amor e o gozo do amor,
>
> Então seria melhor para vós que cobrísseis vossa nudez e abandonásseis a eira do amor,

As pessoas desejam amor, mas não querem estar prontas para o escrutínio, o fogo pelo qual precisam passar. Acham que amor é só prazer, mas não é. O amor é muito mais que isso: é felicidade, é uma verdadeira bênção. Porém, você deve abandonar o medo.

O homem cheio de medo jamais vai conhecer a doçura do amor. E se você não conheceu o amor, não conheceu nada. O seu conhecimento é inútil, seus tesouros, inúteis. Sua respeitabilidade, inútil.

Com razão, Al-Mustafá afirma:

> Então seria melhor para vós que cobrísseis vossa nudez e abandonásseis a eira do amor,
>
> Para entrar no mundo sem estações, onde rireis, mas não todos os vossos risos, e chorareis, mas não todas as vossas lágrimas. [...]".

Você jamais conhecerá nada em sua completude, em sua totalidade. Vai rir, mas seu riso será superficial. Vai chorar, mas suas lágrimas serão lágrimas de crocodilo. A sua vida não vai passar de algo em potencial, jamais vai se tornar uma realidade. Você terá uma vida sonolenta, inconsciente.

Capítulo 2

Amor
O amor não é possessivo

O amor nada dá senão de si próprio e nada recebe senão de si próprio.

O amor não possui e não se deixa possuir.

Pois o amor basta-se a si mesmo.

Quando um de vós ama, que não diga: "Deus está no meu coração", mas que diga antes: "Eu estou no coração de Deus".

E não imagineis que possais dirigir o curso do amor, pois o amor, se vos achar dignos, determinará ele próprio o vosso curso.

O amor não tem outro desejo, senão o de atingir a sua plenitude.

Se, contudo, amardes e precisardes ter desejos, sejam estes vossos desejos:

De vos diluirdes no amor e serdes como um riacho que canta sua melodia para a noite;

De conhecerdes a dor de sentir ternura demasiada;

De ficardes feridos por vossa própria compreensão do amor;

E de sangrardes de boa vontade e com alegria;

De acordardes na aurora com o coração alado e agradecerdes por um novo dia de amor;

De descansardes ao meio-dia e meditardes sobre o êxtase do amor;

De voltardes para casa à noite com gratidão;

E de adormecerdes com uma prece no coração para o bem-amado, e nos lábios uma canção de bem-aventurança.

Al-Mustafá apresenta a mais profunda percepção do amor. Essas não são as palavras de um filósofo, mas as experiências de um místico.

Al-Mustafá é apenas um pseudônimo. É Khalil Gibran quem fala por meio dele, e existe uma razão especial para tal. Ele poderia ter falado em seu próprio nome; não havia necessidade de Al-Mustafá como intermediário. Mas Khalil Gibran não quer criar uma religião, embora tudo o que disse tenha o fundamento da religiosidade. Quer evitar isso, pois muito de desumano foi feito em nome da religião, muito sangue foi derramado...

Em nome da religião, milhões de pessoas foram mortas ou queimadas vivas. Assim que uma religião se organiza e cristaliza, ela se torna um perigo para tudo que é valioso na vida. Deixa de ser o caminho da santidade e se transforma em pretexto para a guerra.

Khalil Gibran se esconde atrás de Al-Mustafá para que as pessoas não venham a adorá-lo, para que não repitam esse passado odioso. Em vez de dizer diretamente o que desejava, ele criou um instrumento: Al-Mustafá. Por causa de Al-Mustafá, seu livro não é considerado um livro sagrado, embora seja um dos livros mais sagrados do mundo. Comparados a ele, todos os demais parecem profanos.

Ele inventou Al-Mustafá para que o seu livro pudesse ser visto como ficção ou poesia. Eis sua compaixão e sua grandeza. Pode procurar em todas as escrituras sagradas, você não achará palavras tão vivas, como flechas que penetram diretamente o seu coração, mas encontrará muito de desumano, de impróprio. Mas o homem é tão cego – um arremedo fictício de Al-Mustafá – que se esquece de algo simples: que essas verdades não podem ser declaradas, a menos que a pessoa as tenha vivenciado, a menos que tenha se apropriado delas.

Khalil Gibran preparou a terra para mim, semeando as sementes em campos desconhecidos, em *estações esquecidas*.

Estou aqui, pronto para a hora da colheita. Você é minha colheita. Você é fruto e flor. Só falo de Khalil Gibran para lembrá-lo de suas sementes. E também de algo mais importante...

No Líbano, país de Khalil Gibran e uma das mais lindas terras deste planeta, existe uma história muito antiga. Aliás, o Líbano é um lugar famoso por duas coisas: Khalil Gibran e milhares de cedros centenários, que ainda tentam alcançar as estrelas.

Khalil Gibran também tentou isso. Os cedros-do-líbano ainda não conseguiram, mas Khalil Gibran, sim. Talvez esses cedros ainda venham a alcançar as estrelas.

Em todas as pinturas de Vincent van Gogh, um dos mais importantes pintores holandeses – talvez o mais importante, considerando sua percepção e compreensão das coisas –, as árvores ultrapassam as estrelas; as estrelas ficam para trás. Ele era tido como louco por seus contemporâneos, que cansaram de lhe perguntar: "Onde você viu árvores ultrapassando as estrelas?"

Vincent van Gogh dizia: "Eu não as vi, mas ao sentar-me ao pé das árvores senti seus anseios. E pinto a flor antes mesmo de a semente ser plantada".

Todas as suas estrelas são estranhas: ele as pinta como espirais. Até os pintores riam dele: "Você deve ser louco. Estrelas não são espirais".

Ele dizia: "O que posso fazer? Não só nos meus sonhos, mas também desperto, sinto de coração que elas são espirais". Ele não conseguiu vender nenhum quadro durante a vida toda – quem iria adquirir tais pinturas? E ele as pintou com o próprio sangue, com a própria vida.

Toda semana, ele recebia de seu irmão mais novo dinheiro suficiente para fazer duas refeições ao dia durante a semana. Ele costumava jejuar três dias da semana de modo a adquirir tintas, telas. Nenhum outro artista pintou com tanta ansiedade, com tamanho amor.

Van Gogh vivia apenas para pintar e morreu aos 33 anos. Cerca de um século depois – o que não é muito tempo –, os físicos chegaram afinal à conclusão de que as estrelas são espirais.

Um poeta certamente tem atalhos desconhecidos para compreender as coisas. Não consegue prová-las, não é cientista nem lógico. Mas seus contemporâneos estão milhares de anos atrasados. É muito raro encontrar um indivíduo que seja de fato contemporâneo. Rajiv Gandhi, primeiro-ministro da Índia, ganhou as eleições com um único *slogan*: "Quero a Índia no século XXI". E ninguém nesse imenso país de 900 milhões de pessoas lhe perguntou se o país já tinha chegado ao século XX! As pessoas estão vivendo de acordo com superstições milenares, com ideologias que não se importam com a verdade, mas não desejam deixar essa escuridão.

Gostaria que o meu povo não fosse só deste século ou do século XXI, gostaria que fosse o povo do futuro. Quando você puder ser senhor do futuro, por que continuar como mendigo?

Escute estas palavras, pois elas não são palavras, são labaredas fulgurantes. São fogo puro. Se não o consumirem é porque você não as ouviu:

O amor nada dá senão de si próprio e nada recebe senão de si próprio.

Tal afirmação é tão tremenda que será sempre revigorante. Não consigo imaginar nenhum tempo futuro em que essa afirmação venha a ser ultrapassada. Se você consegue compreendê-la, se consegue vivê-la, o futuro será seu. Ela consegue abrir as portas de uma realidade desconhecida que o aguarda.

O amor nada dá senão de si próprio... Você também dá quando está amando – flores, sorvete, *bhelpuri*. Mas isso não é amor, é barganha, negócio.

Em uma pequena escola, a professora vinha pregando havia uma hora sobre a grandeza de Jesus. A escola pertencia a uma igreja, era uma escola internacional.

Depois de uma hora, ela perguntou: "Alguém consegue dizer quem é o homem mais extraordinário da história?"

Um garotinho americano disse: "Abraham Lincoln".

A professora não se conformou. Durante uma hora ela martelou na cabeça dos alunos que Jesus Cristo representa o máximo que a consciência humana jamais atingiu, e esse moleque vinha falar cm Abraham Lincoln!

Ela respondeu: "Você não está errado, mas tampouco está certo. Sente-se".

Outra menina se levantou e respondeu à mesma pergunta: "Winston Churchill".

A professora disse: "Meu Deus!" Mas como a escola ficava na Inglaterra e Winston Churchill era o primeiro-ministro, ela não podia dizer: "Você não está certa". Disse apenas: "Você chegou bem perto da verdade".

Então, um garotinho levantou o braço, e isso foi esquisito, porque esse menino nunca tinha feito isso. Era muito quietinho.

A professora perguntou: "Qual é a sua resposta?"

Ele disse: "Não há dúvida, todo mundo sabe que Jesus Cristo é o maior homem do mundo".

A professora ficou ainda mais surpresa porque o menino era judeu. Mas havia um prêmio à espera dele – quem desse a resposta correta ganharia esse prêmio. A professora seguiu o menininho, que carregava o enorme prêmio, até a saída da escola. Ela lhe perguntou: "Diga-me, você não é judeu?"

Ele disse: "Sim, claro. Qual é o problema? Por que está me seguindo?"

"Mesmo sendo judeu, você afirma que Jesus Cristo é o homem mais importante do mundo?", perguntou ela.

Ele riu, dizendo: "Sim. Na verdade, eu sei que Moisés é o homem mais importante do mundo. Mas negócio é negócio".

O amor não é negócio, mas o homem reduziu o amor a um negócio. O amor só dá a si mesmo porque não há nada maior a oferecer. Você consegue pensar em algo maior? Mais valioso?

O amor nada dá senão de si próprio e nada recebe senão de si próprio – é ainda mais importante compreender isso. O amor só conhece o dar-se, e a noção de receber algo em troca nem vem à tona. Mas esse é o milagre da existência: se você oferece amor, o amor lhe devolve o seu próprio amor mil vezes.

Não é preciso mendigar. O amor faz de você um imperador. Ele se dá e, estranhamente, descobre que o mesmo amor se desdobrou e se espalhou em todas as direções. Quanto mais você oferece, mais recebe.

A humanidade parece tão medíocre porque nós nos esquecemos da lei cósmica. Em vez de se dar, o amor se transformou em um mendigo, sempre pedindo. A esposa pede: "Me ame, sou sua esposa". O marido diz: "Me ame". Todo mundo pede: "Me ame". Quem é que vai dar? – todos são mendigos.

Você deveria se aproximar de um imperador como eu, que se doa e continua doando, pois é uma fonte inesgotável. Quanto mais amo as pessoas, mais surpreso fico: o meu amor aumentou e posso oferecer mais.

Ouvi uma história…

O cachorro de um certo homem morreu. Ele gostava demais do animal, e o cachorro era raro, um lindo exemplar. Não era um cachorro comum; era resultado do cruzamento de várias gerações. O homem estava triste. Foi até a loja de bichos onde tinha comprado o primeiro cachorro e solicitou um melhor. Caso contrário, não conseguiria esquecer o cachorro anterior.

O dono da loja disse: "Não se preocupe. Tenho um cachorro muito raro e bem barato". Mostrou-lhe então o animal, que era de uma beleza que o homem nunca tinha visto e tinha ainda uma cara filosófica, olhos carinhosos e um belo porte.

O homem disse: "Estou disposto a pagar qualquer valor por ele".

Mas o dono da loja disse: "Ele não é muito caro, é o cachorro mais barato que tenho. Tenho outros mais caros, se desejar". O homem foi verificar, mas teve uma surpresa: os tais cachorros mais caros não eram nada comparados ao baratinho. Ele perguntou ao proprietário: "Estou surpreso e confuso. Por que esse cachorro está tão barato?"

O proprietário da loja disse: "Compre-o primeiro, depois você compreenderá".

Assim, ele comprou o cachorro por um preço bem baixo! Não daria nem para comprar um vira-lata por tal preço.

Atônito, o homem foi para casa. De manhã, procurou pelo cachorro, mas ele tinha desaparecido. "Meu Deus, para onde ele foi? A casa estava fechada, e eu estava sozinho."

O homem correu até a loja, e o cachorro estava lá, de volta ao seu lugar. O dono da loja disse: "Agora você entendeu por que ele é o mais barato? Ele sempre volta. Já foi vendido milhares de vezes, mas é tão obediente... Pode ficar com ele. Mas por que ficar com ele se sempre volta e já foi vendido mil vezes?"

Quando li essa história, só consegui me lembrar de uma coisa da minha experiência, pois não tenho um cachorro, embora eles apareçam de vez em quando. Mas eu conheço o amor. Ele não é só barato, ele não tem absolutamente preço nenhum.

Não custa nada ser amoroso, no entanto, o amor volta mil vezes. Você vai ficando cada vez mais rico. É estranha essa economia da existência.

O amor nada dá senão de si próprio e nada recebe senão de si próprio.
O amor não possui e não se deixa possuir.

Assim que você possui qualquer coisa, você a mata. São milhares as pessoas do mundo que já mataram o seu amor com as próprias mãos. Deviam olhar para essas mãos e enxergar que elas estão cobertas de sangue de seu amor. Depois se sentem infelizes, pois nunca tiveram a intenção de matar esse amor, mas tinham começado a ser possessivos, inconscientemente. Quando amavam alguém, queriam possuir essa pessoa por completo. Maridos são possessivos em relação às esposas, esposas são possessivas com os maridos, pais são possessivos com os filhos. Professores tentam de todo jeito agir de modo possessivo com seus alunos. Políticos tentam possuir países. Religiosos tentam possuir milhares de pessoas e a vida delas. São todos assassinos, pois, assim que alguém tenta possuir, mata.

A vida só prospera em liberdade. Se você ama, vai oferecer cada vez mais liberdade ao ser amado. O amor nunca permite que alguém o possua, pois o amor é a nossa alma. Se você permite que alguém a possua, é porque se suicidou.

Portanto, ou o amor é assassinado ou comete suicídio. As pessoas não passam de zumbis que mendigam amor, carinho, ternura. E não vão encontrá-lo, pois criaram uma sociedade idiota, um mundo maluco.

O motivo de todo mundo estar ficando neurótico ou psicótico é simples: a alma não está nutrida. Amor é alimento. Você pode ter toda a riqueza do mundo; se não tiver amor, você é um homem pobre – com uma sobrecarga desnecessária de riqueza, palácios e impérios.

Mas quem ama, quem tenha conhecido o segredo do amor – não possuir nem ser possuído –, realmente nasce de novo. Essa pessoa se torna literalmente viva. Vai vivenciar todas as experiências bonitas da vida, todos os grandes êxtases da existência.

Se o amor cresce em seu coração, você fica prenhe de uma santidade que cresce em seu íntimo. Lentamente, você vai desaparecer e só restará a santidade mais pura. É possível senti-la. Quem esteve próximo de Buda ou de Mahavira pôde senti-la. As pessoas estranham que nem Mahavira nem Buda acreditem em Deus. Acham que eles são ateus. Não, absolutamente. Eles não acreditam em Deus porque eles *são* Deus.

Você acredita em Deus porque o seu Deus está em algum lugar além do céu e você não passa de uma criatura qualquer, rastejando pela terra. Por que um Buda deveria acreditar em Deus? Ele está dentro dele, ele próprio é um templo de santidade. Então, embora tenham negado a existência de Deus, a razão disso não é a mesma que a de um ateu.

O ateu renega Deus porque Deus não pode ser comprovado pela lógica. O ateu deveria negar o amor também, pois o amor não pode ser comprovado pela lógica.

Conheci muitos ateus a quem fiz esta única pergunta: "Você já se apaixonou?"

Eles ficavam perplexos e diziam: "Por que você está mudando de assunto? Estamos falando de Deus".

Eu dizia: "Não estou mudando de assunto, estou chegando nele. Vocês já se apaixonaram?"

Eles respondiam: "Sim, já amamos".

"Então, repensem. Vocês conseguem provar cientificamente, racionalmente, logicamente que o amor existe?"

"Não", eles respondiam.

"Parem então de negar Deus, pois vocês têm negado Deus pelas mesmas razões."

Apenas um homem como Buda tem o direito de negar Deus, pois ele o encontrou. E o encontrou em si mesmo, não em outro lugar. Deus não é um objeto, mas sua própria subjetividade.

Agora, é estranho que essas duas pessoas, Buda e Mahavira, sejam as únicas no mundo que tenham pregado a não violência.

"Não violência" é a expressão que usavam para "amor". Eles evitavam a palavra "amor" porque o amor anda com más companhias. Você procura uma prostituta e diz: "Amo você". O amor caiu na sarjeta, por isso eles precisavam encontrar algo virgem, puro, que significasse amor: "não violência".

Ao mesmo tempo, devo lembrar você de que as pessoas que acreditaram em Deus lá no céu jamais foram partidárias da não violência. Maomé não é partidário da não violência, nem Moisés nem Jesus.

É impossível calcular quanta gente os cristãos mataram ao longo de vinte séculos. Já os muçulmanos vêm causando matanças há catorze séculos, e as pessoas não foram convertidas a essa religião devido à verdade, mas sim porque são covardes. O islamismo se dirige às pessoas com uma espada em uma das mãos e o Corão sagrado na outra: "Você pode escolher. Não é necessário nenhum argumento, a espada é o argumento". Quem teve coragem preferiu morrer a escolher com base no medo.

O amor não pode surgir do medo. Os cristãos mudaram as estratégias porque os tempos mudaram, mas a história é sempre a mesma: a Bíblia sagrada em uma mão e um pão na outra: "Você pode escolher". Você já viu alguém ser convertido ao cristianismo devido a valores mais elevados, verdades superiores, maior percepção? Você já viu uma pessoa rica, culta, educada se converter ao cristianismo? Não, ele precisa de mendigos, órfãos, pois *eles* precisam de alimento. São famintos. Não têm fome de verdade, têm fome de pão, abrigo, roupas. Isso é conversão?

A Igreja cristã dos Estados Unidos se irritou comigo pela simples razão de eu estar atraindo uma geração de jovens bem formados e talentosos. E eu tinha as mãos vazias, nada de espada nem pão nem Corão nem Bíblia sagrada.

Só posso lhes oferecer o meu amor, pois sei que ele volta.

Os cristãos se aborreceram. Não se aborreceram com o monge hindu Vivekananda porque Vivekananda estava sendo político.

Ele lhes dizia: "São todos iguais: cristianismo, hinduísmo, seus ensinamentos são os mesmos". Não tinham problema com ele, não tinham medo do mestre Rama Tirtha...

Por que ficaram tão aborrecidos comigo? Durante quase um ano, os meus *sannyasins* da Itália – fortaleza da Igreja Católica – tentaram conseguir para mim um visto de turista de três semanas, e o papa ficava atrapalhando isso com interferências no governo. Acabo de receber uma mensagem vinda da Itália de que agora é imperativo que o governo não negue isso. Se negarem, os meus *sannyasins* vão entrar com processo. E governo não pode aceitar que isso ocorra, pois o papa e os eleitores...

Por fim, um partido político de revolucionários radicais percebeu o jogo: "Um ano inteiro! Vocês tinham que responder sim ou não. Mas ficam sempre dizendo 'amanhã' e isso nunca chega". Então o tal partido insistiu com o primeiro-ministro da Itália: "Concedam o visto ou o neguem".

Se o papa pode entrar na Índia, quem é ele para me impedir? Quando o papa esteve na Índia, eu lhe dei as boas-vindas, condenei as pessoas que lhe atiravam pedras em protesto. Condenei os hindus chauvinistas, pois isso era sinal de fragilidade: se o papa está vindo, convidem-no para uma conversa. Vocês têm os seus *shankaracharyas** – promovam fóruns abertos pelo país afora. E, se ele estiver certo, deixem que o país se torne cristão, pois a questão não é ser cristão ou hindu, a questão é sempre estar com a verdade.

Venho desafiando o papa faz tempo. Estou pronto para ir ao Vaticano, a cidade dele, sua gente. Estou pronto para discutir apenas a cristandade católica. Minha exigência é simples: se você conseguir me derrotar, eu me tornarei cristão católico, mas, se você for derrotado, tem de virar *sannyasin*! E o Vaticano tem de ser o meu quartel-general.

---

* Título dado aos responsáveis pelos monastérios hindus. (N. da T.)

Que gente impotente... Não vão dizer nada e vão continuar pressionando o primeiro-ministro: "Votos... se receberem esse homem, os votos católicos não vão ser de vocês". O país inteiro é católico, e você só vai encontrar políticos fracos.

O amor não possui e não se deixa possuir.
Pois o amor basta-se a si mesmo.
Quando um de vós ama, que não diga: 'Deus está no meu coração', mas que diga antes: 'Eu estou no coração de Deus'.

... pois isso pode acabar sendo o seu ego. Logo, Al-Mustafá diz:

'Eu estou no coração de Deus'.

Ele aprimorou a primeira afirmação, mas a segunda, embora melhor, ainda pode ser aprimorada. A minha sugestão é que você diga: "O amor é e eu não sou".

E não imagineis que possais dirigir o curso do amor, pois o amor, se vos achar dignos, determinará ele próprio o vosso curso.

Sossegue e confie no amor. Permita que o amor leve você. Assim como todo rio dá no mar, todo fio de amor que saia de seu coração vai dar no universo, no definitivo, na existência.

O amor não tem outro desejo, senão o de atingir a sua plenitude.
Se, contudo, amardes e precisardes ter desejos, sejam estes vossos desejos:

Porém, se você não for forte o bastante para se render completamente ao amor e também tem outros desejos, então, diz Al-Mustafá, pelo menos permita-se ter *estes* desejos:

De vos diluirdes no amor e serdes como um riacho que canta sua melodia para a noite;

De conhecerdes a dor de sentir ternura demasiada;

De ficardes feridos por vossa própria compreensão do amor;

E de sangrardes de boa vontade e com alegria;

De acordardes na aurora com o coração alado e agradecerdes por um novo dia de amor;

De descansardes ao meio-dia e meditardes sobre o êxtase do amor;

De voltardes para casa à noite com gratidão;

Se você não consegue se abandonar por inteiro, então lentamente, passo a passo, caminhe rumo à gratidão.

E de adormecerdes com uma prece no coração para o bem-amado, e nos lábios uma canção de bem-aventurança.

Capítulo 3

Casamento
Mas não o casamento que você conhece

Então, Almitra falou novamente e disse: "E que nos dizes do Matrimônio, mestre?"

E ele respondeu, dizendo:

"Vós nascestes juntos, e juntos permanecereis para todo o sempre.

Juntos estareis quando as brancas asas da morte dissiparem vossos dias.

Sim, juntos estareis até na memória silenciosa de Deus.

Mas que haja espaços na vossa junção.

E que as asas do céu dancem entre vós.

Amai-vos um ao outro, mas não façais do amor um grilhão:

Que haja, antes, um mar ondulante entre as praias de vossa alma.

Enchei a taça um do outro, mas não bebais na mesma taça.

Dai do vosso pão um ao outro, mas não comais do mesmo pedaço.

Cantai e dançai juntos, e sede alegres; mas deixai cada um de vós estar sozinho,

Assim como as cordas da lira são separadas e, no entanto, vibram na mesma harmonia.

Dai vosso coração, mas não o confieis à guarda um do outro.

Pois somente a mão da Vida pode conter vosso coração.

E vivei juntos, mas não vos aconchegueis demasiadamente;

Pois as colunas do templo erguem-se separadamente,

E o carvalho e o cipreste não crescem à sombra um do outro."

Al-Mustafá falou de amor. Obviamente, o que deve ser abordado em seguida é o casamento, mas não o casamento que você conhece. Não o casamento que o mundo todo adotou, pois ele não nasce do amor, não tem raízes no amor. Ao contrário, trata-se do instrumento de uma sociedade esperta – religiosos e políticos – para dispensar o amor.

Por isso, o casamento arranjado sempre existiu e continua existindo ainda hoje em muitos países, sobretudo orientais. Como as crianças não sabem nada da vida, nem de casamento, todas as culturas e civilizações encontraram uma boa oportunidade de explorá-las em sua inocência. Antes que o amor surgisse em seus corações, já se tornavam reféns.

O casamento atual não só não vem do amor como é *contra* o amor. É impossível encontrar algo mais destrutivo do espírito, da alegria, da vivacidade e do senso de humor humano.

Em um casamento arranjado, as crianças que vão se casar nem são consultadas. Astrólogos, quiromantes, I Ching, cartas de tarô – todos são consultados. O elemento decisivo nesses casos não é a vida das crianças cujo casamento vai ser arranjado, mas os pais de ambos os lados. O amor não conta de jeito nenhum. Eles têm outras considerações – a família, o prestígio familiar, a respeitabilidade da sociedade, o dote da noiva. Estranhamente, as pessoas que vão se casar, que têm uma longa vida pela frente, são completamente excluídas de tudo. Trata-se de um negócio, é só isso o que importa.

Por exemplo, famílias da nobreza só permitem que seus filhos se casem com outra família nobre. Trata-se de política pura. Basta verificar as famílias da nobreza europeia: todas têm parentesco de uma maneira ou de outra por meio do casamento. Isso evita conflitos, invasões, e as torna mais fortes. Quando quatro ou cinco famílias estão conectadas pelos seus herdeiros, elas têm cinco vezes mais poder. Embora seja absolutamente contra a fisiologia, contra as descobertas científicas, isso ainda existe, como se o sangue real tivesse alguma característica mais especial do que o do cidadão comum. Turiya é um exemplo: Vimalkirti, seu marido, um dos meus *sannyasins* mais próximos, era bisneto do imperador germânico e, embora esse império já não exista, a nobreza permanece.

Vimalkirti era um espírito rebelde e casou-se com Turiya, uma plebeia, por amor. A família inteira foi contra, não apenas a dele, mas muitas famílias da realeza europeia, pois o casamento interromperia uma tradição. Naturalmente, como todas essas famílias têm parentesco, Vimalkirti foi praticamente proscrito.

Se o império ainda existisse, Vimalkirti teria sido o imperador da Alemanha. Sua mãe era a filha da rainha da Grécia, também irmã do príncipe Philip, marido da rainha Elizabeth, da Inglaterra. Ela tinha outros irmãos pertencentes a outras famílias da nobreza. Todos foram contra e fizeram de tudo para impedir o casamento de Vimalkirti e Turiya. Mas ele era um homem íntegro e inteligente, não conseguia entender esse preconceito. Ninguém, nem mesmo especialistas, consegue distinguir amostras de sangue nobre. Sangue é sangue.

Então, quando Vimalkirti e Turiya se reuniram a nós, isso para eles foi ainda mais ultrajante! Um bisneto do imperador germânico, a mais antiga família da nobreza europeia, como *sannyasin* e guarda-costas de um mendigo como eu, que não tem nada! Ficaram tão zangados que, quando a rainha da Grécia morreu – e ela era a rainha-mãe, pois tinha tido muitos filhos e quase todas as famílias da nobreza tinham alguma conexão devido a esse parentesco –, suas últimas palavras foram: "Deem um jeito de afastar Vimalkirti, Turiya e a filha deles daquele homem perigoso".

Mas Vimalkirti veio a falecer justamente por causa dessa ideia idiota de casamento entre famílias nobres. Pois esses casamentos são na verdade entre irmãos – o parentesco de todos é muito próximo. E quanto mais próxima a relação, mais perigosa. Trata-se de uma descoberta da ciência moderna, da medicina, da fisiologia, da química. O casamento deve ser entre pessoas bem distantes, assim nascem crianças com mais saúde, mais inteligentes e bonitas. Caso contrário, certas doenças ficam girando em torno de doze ou quinze famílias.

Quando Vimalkirti morreu, achamos que tinha sido um acidente, pois ele estava se exercitando e de repente caiu e ficou inconsciente. Todos os esforços foram feitos: no melhor hospital, ele ficou sob os cuidados do dr. Modi, marido de Zareen, minha *sannyasin*. Mas todos os médicos estavam convencidos da mesma coisa: "Podemos mantê-lo vivo com respiração artificial, mas ele já se foi. Sofreu uma hemorragia cerebral, não há mais nada a fazer". Depois do quarto dia, insistiram que tinham outros pacientes e apenas um leito de emergência para pessoas em coma. "E Vimalkirti já faleceu. Assim que retirarmos a respiração artificial, será apenas um corpo."

Insisti, porém, que pelo menos esperassem até que seus pais e irmãos chegassem. Eles chegaram e então os médicos disseram: "Isso já está ficando ridículo". Assim que desligaram os aparelhos, viu-se apenas um corpo.

O pai, um senhor que poderia ter sido o imperador da Alemanha, chegou atrasado – e esses são os nobres! Não estava preocupado com a morte de seu filho nem com o futuro de sua nora e netos. Ele vinha de um feriado com a namorada. Era apenas um agente de correio, mas de sangue nobre...

Oferecemos uma linda celebração a Vimalkirti. Talvez nem como imperador da Alemanha ele teria recebido tanto amor e uma celebração tão bonita. Mesmo assim, sua mãe, e depois seu pai, ficaram furiosos comigo. Todo o ressentimento que tinham em relação a Vimalkirti se voltou contra mim, e eles consultaram advogados para saber como poderiam me processar pela morte do filho. Queriam fazer algo, pois não poderiam me dar a oportunidade de provar ao mundo todo que a insensatez dos casamentos nobres tinha que ser proscrita.

Desistiram de me processar porque Vimalkirti tinha falecido em decorrência de uma doença hereditária. Poucos dias depois de sua morte, seu tio veio a falecer da mesma forma, entrando em coma com hemorragia cerebral. Mais tarde, vim a saber que seu avô também tinha morrido do mesmo jeito. Sem motivo, sem nenhuma doença – do nada, uma hemorragia cerebral e era o fim.

Desistiram de me processar diante do caso que eu levaria à justiça: o seu pai não era *sannyasin*, o tio de Vimalkirti não era *sannyasin*. Em vez de me processar, cuidem-se, porque vão morrer do mesmo jeito, é só uma questão de tempo. A doença é hereditária.

Todas as famílias da nobreza europeia herdaram doenças. Basta observar: nenhum único homem dessas famílias nobres jamais mostrou inteligência ou genialidade. Por quê? Deveriam ser as pessoas mais inteligentes do mundo, mas são os mais retardados. Trata-se simplesmente de um fato científico que um casamento não deve ocorrer entre parentes próximos.

Se você é hinduísta, não se case jamais com um hinduísta, é melhor um muçulmano, um cristão. Se você é judeu, procure um hinduísta. E não se preocupe se antigamente eram todos muito próximos. Agora estão separados, como os galhos grandes e os ramos menores de uma árvore imensa. Mas, se nos aprofundarmos, encontramos um tronco comum, a mesma fonte.

A minha perspectiva é: se um homem pretende se tornar um super-homem, deve procurar se há pessoas em Marte ou em outro planeta. Um casamento entre elas e gente da Terra vai gerar super-homens, com vida longa e saúde magnífica. A sua inteligência será superior.

Porém, os pais decidem e consultam imbecis para tomar decisões. Astrólogos – o que as estrelas têm a ver com você? Você vive em um planeta tão pequeno que as estrelas nem se deram conta dele, e elas estão muito longe; algumas estão tão distantes que jamais saberão da existência da Terra.

Os raios de luz desenvolvem uma velocidade tremenda, o máximo da velocidade. Quando a Terra não existia, há 4 bilhões de anos, os raios começaram a sair de milhares de estrelas. Não estavam se deslocando para chegar à Terra, era apenas a radiação natural das estrelas. Mas estavam muito longe, embora a velocidade de seus raios fosse a máxima – 299,34 quilômetros por segundo. Pense em 1 minuto, e você tem que multiplicar esse número por 60. Pense em 1 dia, e será esse número vezes 24 vezes 60. Pense no ano todo, e você vai ter que multiplicar por 365!

Na verdade, não temos ideia disso, pois quilômetros não parecem ser uma boa medida, caso contrário você terá que escrever um livro inteiro, com milhares de zeros, só para falar da estrela mais próxima. A luz da estrela mais próxima de nós chega em quatro anos, portanto, quando você a vê – lembre-se disso – ela não está mais ali. Estava há quatro anos. Então, à noite, o que você vê é a ilusão absoluta, nenhuma estrela está onde você a vê. Talvez estivesse ali há milhares ou milhões ou 4 milhões de anos. Enquanto isso, ela pode ter viajado milhões de quilômetros.

Além disso, existem estrelas ainda mais distantes. A sua luz ainda não chegou à Terra e, talvez, quando finalmente chegar, a Terra já não existirá mais.

[Nesse instante houve uma queda na energia elétrica, interrompendo a gravação. Depois de alguns minutos de silêncio, Osho retomou a fala.]

Neste vasto universo, a Terra é muito pequena, desprezível. Mesmo comparada com o Sol, ela é muito pequena. O Sol é milhares de vezes maior do que a Terra. E o nosso Sol é um sujeito medíocre. Existem sóis milhares de vezes maiores, que pensamos que são estrelas. Parecem pequenos porque estão muito distantes. Tão pequena a Terra, e nós a dividimos em milhares de pedacinhos, e fizemos do homem um estranho para outros homens.

Observe a insensatez de tudo: pouco antes de 1947, as pessoas que moravam no Paquistão não eram estrangeiras, agora são. O povo de Bangladesh não era estrangeiro, agora é.*

Os políticos não conseguem viver sem gerar conflitos, brigas, guerras. Por isso precisam de divisões, e cada divisão tenta segurar o povo de seu território. É por isso que você não pode se casar com uma muçulmana ou com um hindu. A nossa sociedade é sanguinária – um homem ou mulher saindo do território, um voto a menos. A verdade não importa, nem o bem-estar. O importante é o poder. E quem necessita de poder são as pessoas inferiores.

Pois o homem não pode se alimentar de poder, não mata a sede com poder. Por que tanto conflito? Por que ele precisa estar acima de tudo, controlando tudo? Ele sofre de complexo de inferioridade. No fundo, sabe que não é ninguém e tem receio de que venham a descobrir sua insignificância, sua vulgaridade, caso não demonstre ser especial nem extraordinário.

Uma pessoa realmente superior não tem desejo de poder. O desejo de poder surge da pobreza interior, o desejo de dinheiro surge da pobreza interior. Os pais não estão interessados na vida prazerosa dos filhos, mas, sim, em vê-los ricos e bem relacionados, pois essas relações e contatos ajudam na escalada do poder.

Portanto, há milhares de anos o casamento tem sido uma das coisas mais perigosas inventadas pelas pessoas movidas a poder.

Al-Mustafá não está se referindo ao casamento que você conhece nem está se referindo ao casamento por amor – essa é uma

---

* O autor se refere aos conflitos que geraram a divisão do território da Índia, com a criação do Paquistão, em 1947, e posteriormente Bangladesh, em 1971. (N. da T.)

forma recente dos países desenvolvidos. Neles, o casamento arranjado desapareceu, e as pessoas começaram a se casar quando se apaixonam. Mas elas não conhecem o amor; o mistério do amor é absolutamente desconhecido delas. Na verdade, estão chamando outra coisa de amor. Estão chamando o desejo de amor – os assim chamados casamentos por amor não passam de pura luxúria.

O amor nunca é cego. Como as pessoas ficam perturbadas e não há limites, começam a falar de "cego de amor". Mas o amor nos oferece olhos rejuvenescidos, a mais nítida visão. Certamente, a luxúria cega, pois é biológica, e isso não tem nada a ver com espiritualidade.

Então, Almitra falou novamente e disse: "E que nos dizes do Matrimônio, mestre?"

Pela primeira vez, ela se dirige a Al-Mustafá como mestre, pois o tempo de separação se aproxima. Seja lá o que ele tenha dito sobre o amor, apenas o mestre pode fazê-lo – alguém que sabe das coisas pela própria experiência.

E ele respondeu, dizendo:
"Vós nascestes juntos,

Não interprete mal essa afirmação. Ele não está dizendo que todo homem já tem alguma esposa em algum lugar. Ao contrário. Está dizendo: vocês nasceram juntos. Vocês nasceram juntos no amor, pois se renovaram, se libertaram, se rejuvenesceram, viraram uma canção, viraram uma dança que jamais tinham dançado.

e juntos permanecereis para todo o sempre.

Se você nasce do amor, se seu sentimento de unidade não veio da luxúria, esse amor vai se aprofundar a cada dia. A luxúria diminui tudo, pois a biologia não está preocupada em ver se as pessoas permanecem juntas ou não. Seu interesse está na reprodução, e para isso o amor é desnecessário. É possível gerar crianças sem amor nenhum.

Já observei muitas espécies de animais. Morei na floresta, na montanha, e sempre me surpreendi: sempre que estão copulando, eles têm ar muito tristonho. É como se uma força desconhecida os pressionasse. Não é uma escolha, não é liberdade, mas servidão. Daí a tristeza.

Observei esse mesmo comportamento nos homens. Você já viu marido e mulher viajando juntos? Talvez você não saiba se são mesmo marido e esposa, mas, se estiverem tristes, pode ter certeza disso.

Eu estava viajando de Déli para Srinagar, e na minha cabine com ar-condicionado havia apenas dois lugares, um deles reservado para mim. Chegou um casal – uma linda moça e um belo rapaz –, mas como não daria para ambos se acomodarem, ele deixou a mulher ali e procurou outra cabine, mas a cada parada ele lhe trazia doces, frutas ou flores.

Fiquei observando essa cena e acabei perguntando à moça: "Há quanto tempo vocês estão casados?"

"Uns sete anos", ela disse.

"Não minta para mim! Você pode enganar qualquer um, mas a mim não engana. Vocês não são casados."

Ela ficou pasma. Isso vindo de um estranho, com quem não tinha falado, que estivera apenas observando: "Como percebeu isso?"

"Não há nada de mais, é simples. Se ele fosse o seu marido, depois de deixá-la aqui, teria sido muita sorte se o encontrasse na estação onde vão descer!", comentei.

"Você não me conhece, eu não o conheço. Mas tem razão. Ele é meu amante. Amigo do meu marido."

"Ah, então está tudo bem", respondi.

O que dá errado entre maridos e esposas mesmo depois de um casamento feito por amor? O que acontece é que não é amor, e todo mundo o adota como se soubesse o que é amor. É luxúria pura. Rapidamente, um fica cansado do outro. Em prol da reprodução, a biologia engana você, mas de repente não há nada novo – o mesmo rosto, a mesma geografia, a mesma topografia. Quantas vezes você já a explorou? O mundo inteiro fica tristonho devido ao casamento, e continua sem saber a causa disso.

O amor é um fenômeno misterioso. É desse amor que fala Al-Mustafá. *Vocês nasceram juntos*, no momento em que o amor surgiu. Esse foi o seu nascimento verdadeiro. *E juntos permanecereis para todo o sempre*, pois não se trata de luxúria. Vocês não vão se entediar, pois não é luxúria.

Depois de gerar filhos, a biologia o abandona, e você se vê morando com um estranho. Não conhece essa mulher, não conhece esse homem. Só fazem brigar, implicar, importunar um ao outro. Isso não é amor.

O amor floresce da meditação. A meditação traz muitos tesouros, talvez o amor seja a maior flor no arbusto da meditação.

> Juntos estareis quando as brancas asas da morte dissiparem vossos dias.
> Sim, juntos estareis até na memória silenciosa de Deus.
> Mas que haja espaços na vossa junção.

Lembre-se dessa afirmação: *Mas que haja espaços na vossa junção.*

Fique junto, mas não tente dominar, não tente possuir e não tente destruir a individualidade do outro. Mas é isso que acontece em todo lugar.

Por exemplo, por que a mulher deve adotar o sobrenome do homem? Ela tem um sobrenome próprio, tem a própria individualidade. Pense num homem adotando o sobrenome da mulher... nenhum homem faria isso. Mas ele destrói a mulher porque ela é frágil, delicada, submissa.

Por que a mulher deve ir para a casa do homem? Por que não deveria o homem ir para a casa da mulher? De vez em quando ocorre de o homem se deslocar para a casa da mulher porque o pai dela não tem filhos e não há quem cuide de suas propriedades e bens. Mas, como já sabem, sempre que o homem vai viver na casa da esposa ele é criticado por todos. Riem dele, como se tivesse perdido sua virilidade. Mas ninguém ri da mulher.

Na verdade, o homem está mais apto a ir para a casa da mulher. Ela é mais frágil. Retirá-la do jardim onde ela cresceu, desenraizá-la, é o início da destruição. Ela não conseguirá jamais ser um indivíduo na casa do homem. Será apenas uma escrava desenraizada, desconectada de todos. Será apenas uma serviçal. E tem sido tratada assim mundo afora.

A minha sugestão é que o homem e a mulher tenham a sua própria casa assim que decidam que vão viver juntos. Ninguém deve ir para a casa de ninguém, pois na casa alheia será escravo. Escravos não conseguem ser alegres. Perderam a integridade, a individualidade. Venderam-se.

Mas, quando você viver junto com alguém, *crie espaços*. Por exemplo, o homem chega tarde em casa: não há nenhuma necessidade de a mulher perguntar onde ele esteve, por que chegou tão tarde. Ele tem um espaço próprio, é um indivíduo livre. Dois indivíduos livres vivendo juntos e sem invadir o espaço um do outro. Se a mulher chega tarde, não há necessidade de perguntar: "Onde você andou?" O que é isso? Ela tem um espaço próprio, a própria liberdade.

Essas coisas, porém, acontecem todos os dias, em todos os lares. Pessoas brigando por causa de questões menores, mas no fundo a questão é se estão prontos para permitir que o outro tenha o seu próprio espaço.

Afinal, os gostos são diferentes. O seu marido talvez goste de algo de que você não gosta, e isso não significa o princípio de uma briga, nem que seus gostos devem ser os mesmos porque vocês são marido e mulher. E todas essas perguntas, de todo marido quando está chegando em casa: "O que ela vai perguntar? O que vou responder?". E a mulher sabe o que vai perguntar e o que ele vai responder, e sabe que tudo é falso, fictício. Ele a está enganando.

Que tipo de amor é esse que sempre desconfia, que tem sempre medo do ciúme? Se a esposa encontra o marido com outra mulher – apenas rindo e conversando –, isso já é suficiente para estragar a noite. Ele acaba se arrependendo, muito barulho por um pouco de riso. Se o marido vê a mulher com outro homem, e ela parece mais alegre, isso já é suficiente para gerar um tormento.

As pessoas não percebem que não sabem o que é o amor. O amor jamais desconfia, nunca é ciumento. O amor jamais interfere na liberdade do outro. O amor nunca se impõe. O amor oferece liberdade, e a liberdade é possível apenas se há espaço em sua unidade.

Eis a beleza de Khalil Gibran – uma tremenda percepção. O amor deve ficar contente de ver que essa mulher está feliz com alguém porque o amor quer que a mulher seja feliz. O amor quer o marido alegre. Se ele está apenas conversando com uma mulher qualquer e se sente alegre, a esposa deveria ficar contente, não há motivo para brigas. Eles estão juntos para ter uma vida mais feliz, mas o que ocorre é o oposto disso. É como se esposas e maridos ficassem juntos só para estragar a vida um do outro. A razão disso é eles não compreenderem o significado de amor.

Mas que haja espaços na vossa junção. Isso não é contraditório. Quanto mais espaço oferecemos um ao outro, mais ficamos juntos. Quanto maior a liberdade que oferecemos um ao outro, maior a intimidade. Não devemos ser inimigos íntimos, mas amigos íntimos.

E que as asas do céu dancem entre vós.

Segundo uma lei fundamental da existência, estar junto em demasia, sem deixar espaço para a liberdade, destrói a flor do amor. Você a destrói se não lhe der espaço para crescer.

Não faz muito tempo, cientistas descobriram que os animais são territorialistas. Você já deve ter visto cães fazendo xixi nos postes – você acha que isso é desnecessário? Não é. Eles estão traçando limites: "Este é o meu território". O cheiro da urina ali vai evitar a entrada de outro cão. Se outro cachorro chegar perto desse limite, o dono do território não vai se importar. Um passo a mais, porém, e vai haver briga.

Todos os animais selvagens agem do mesmo jeito. Até o leão, se você não cruzar seus limites, não vai atacá-lo – você será visto como um cavalheiro. Porém, se cruzar, ele vai matá-lo, não importa quem você seja.

Ainda precisamos descobrir a urgência territorialista humana. Você já deve tê-la percebido, mas ela ainda não foi cientificamente estabelecida. Na cidade de Mumbai, os trens são muito lotados; as pessoas ficam de pé, poucas encontram lugar onde se sentar. Mas observe que as pessoas em pé, embora muito próximas, estão sempre tentando não se encostar umas nas outras.

Quanto mais populoso o mundo, mais pessoas estão enlouquecendo, cometendo suicídio, assassinatos, pela simples razão de não ter espaço para si mesmas. Pelo menos as pessoas que se amam deveriam ter essa sensibilidade, saber que a esposa precisa de tanto espaço quanto o marido.

Um dos livros de que mais gosto é *Akhari Kavita*, que significa "O último poema", de Rabindranath Tagore. Não é um livro de poesias, é um romance – um romance estranho, muito elucidativo.

Uma mulher e um homem se apaixonam e, como sempre acontece, imediatamente querem se casar. A mulher diz: "Mas há uma condição". Ela é muito educada, sofisticada e rica.

O homem diz: "Aceito qualquer condição, mas não consigo viver sem você".

"Primeiro, ouça a condição e reflita", diz ela. "Não se trata de uma condição qualquer. A condição é que a gente não viva na mesma casa. Tenho muitas terras, um lindo lago rodeado de lindas árvores e jardins. Vou construir uma casa do outro lado, oposto ao meu."

Ele diz: "Então, por que casar?"

Ela diz: "Casar não é destruir um ao outro. Vou dar espaço a você. Eu tenho o meu espaço. De vez em quando, andando pelo jardim, vamos nos encontrar. De vez em quando, velejando no lago, vamos nos encontrar, por acaso. Ou às vezes vou convidar você para tomar chá comigo ou você me convida".

O homem diz: "Essa ideia é simplesmente absurda".

A mulher diz: "Então, esqueça o casamento. Essa concepção é a única correta. Só assim o nosso amor pode continuar crescendo, pois vamos permanecer jovens e viçosos. Jamais vamos considerar que nosso amor é uma constante. Terei todo o direito de recusar o seu convite, assim como você terá todo o direito de recusar o meu. Nossa liberdade não será afetada de jeito nenhum. Entre essas duas liberdades, cresce o lindo fenômeno do amor".

O homem não conseguiu compreender nada e desistiu, é claro. Interessante é que, escrevendo quase no mesmo período, Rabindranath apresenta a mesma concepção de Khalil Gibran...

Se for possível ter espaço e unidade, então...

E que as asas do céu dancem entre vós.

Amai-vos um ao outro, mas não façais do amor um grilhão:

Isso deveria ser um presente incondicional – pegar ou largar –, sem exigências. Do contrário, as pessoas se veem rapidamente juntas, mas tão distantes quanto as estrelas. Nenhuma compreensão as une, não há espaço nem para uma ponte.

Que haja, antes, um mar ondulante entre as praias de vossa alma.

Não faça disso algo imutável. Não faça disso uma rotina. *Que haja, antes, um mar ondulante entre as praias de vossa alma.* Se duas pessoas conseguem ter liberdade e amor juntos, não há necessidade de mais nada. Já têm tudo o que a vida pode proporcionar.

Enchei a taça um do outro, mas não bebais na mesma taça.

Ele só quer que você compreenda como coisas aparentemente contraditórias – espaço e união – são possíveis. *Enchei a taça um do outro, mas não bebais na mesma taça.* A diferença é muito sutil, mas muito bonita.

Dai do vosso pão um ao outro, mas não comais do mesmo pedaço. Cantai e dançai juntos, e sede alegres; mas deixai cada um de vós estar sozinho,

Não reduza o outro de forma alguma.

Assim como as cordas da lira são separadas e, no entanto, vibram na mesma harmonia.

As cordas de uma lira são separadas, mas vibram na mesma música. A separação, o espaço, é a individualidade das cordas. E o encontro, a união, a convergência surgem na música. Essa música é o amor.

Dai vosso coração, mas não o confieis à guarda um do outro.

Doar é magnífico. O amor se doa incondicionalmente, mas não oferece a alma para a guarda do outro.

Pois somente a mão da Vida pode conter vosso coração.
E vivei juntos, mas não vos aconchegueis demasiadamente;

É preciso estar muito alerta. Permanecer junto, mas sem destruir o outro. Sem excesso de união – é preciso criar espaços.

Pois as colunas do templo erguem-se separadamente,

Observe esses pilares. Estão separados, mas sustentam o mesmo telhado. Há espaço, individualidade, contudo existe convergência e encontro, pois dão sustentação ao mesmo telhado.

E o carvalho e o cipreste não crescem à sombra um do outro".

É preciso espaço suficiente para que o outro não fique sob a sua sombra. Senão, ele não cresce.

Por que as pessoas apaixonadas estão sempre bravas, tristes? Porque não estão se desenvolvendo. Um dos dois está tapando o céu e não deixa nenhum espaço para que o sol, o vento, a chuva atinjam o outro. Isso não é amor, é domínio, é possessividade.

O amor deseja que ambos se desenvolvam no mesmo nível, de modo que possam dançar juntos sob o sol, o vento, a chuva.

A unidade deve ser uma arte.

O amor é a grande arte da existência.

Capítulo 4

Filhos
O anseio da vida por mais vida

E uma mulher que carregava seu filho nos braços disse: "Fala-nos dos Filhos".

E ele disse:

"Vossos filhos não são vossos filhos.

São os filhos e as filhas da ânsia da Vida por si mesma.

Eles vêm através de vós mas não de vós.

E embora vivam convosco, não vos pertencem.

Podeis outorgar-lhes vosso amor, mas não vossos pensamentos,

Porque eles têm seus próprios pensamentos.

Podeis abrigar seus corpos, mas não suas almas;

Pois suas almas moram na mansão do amanhã, que vós não podeis visitar nem mesmo em sonho.

Podeis esforçar-vos por ser como eles, mas não procureis fazê-los como vós;

Porque a vida não anda para trás e não se demora com os dias passados.

Vós sois os arcos dos quais vossos filhos são arremessados como flechas vivas.

O Arqueiro mira o alvo na senda do infinito e vos estica com toda a Sua força para que Suas flechas se projetem, rápidas e para longe.

Que vosso encurvamento na mão do Arqueiro seja vossa alegria:

Pois assim como Ele ama a flecha que voa, também ama o arco que permanece estável."

É quase impossível encontrar um livro comparável a *O profeta*, de Khalil Gibran, pela simples razão de que ele apresenta uma tremenda consistência interna. Primeiro, fala de amor, depois de casamento e agora vai falar de filhos. É assim que flui o rio da vida – do amor ao casamento, do casamento aos filhos.

E uma mulher que carregava seu filho nos braços disse: "Fala-nos dos Filhos".

Antes de dar início ao meu comentário sobre Khalil Gibran, há mais uma coisa a observar: as três perguntas mencionadas até aqui partiram de mulheres. Os homens também perguntam, mas sempre sobre questões abstratas: perguntam de Deus – quem é esse cara, afinal? Apenas uma invenção da mente humana, nada mais. Essa não é uma pergunta genuína. Os homens perguntam do céu e do inferno e sobre milhares de outras coisas, mas sempre abstrações. Não se referem à sua vida. Você pode viver perfeitamente sem Deus. Na verdade, você *está* muito bem – faça Deus diferença ou não para você.

Já conheci teístas e ateus. Ao conversar com eles, vemos que suas ideias são diametralmente opostas. Mas, ao observar a vida deles, vemos que elas são iguais. É possível enxergar seus problemas reais observando a vida deles: são problemas relativos ao amor, ao casamento, aos filhos. Mas nos livros, em suas filosofias, eles tratam de coisas que não têm nenhuma importância.

Percebe a diferença? A mulher é mais realista, mais pragmática, mais pé no chão. Tem raízes. Suas questões não são apenas jogos e enigmas com palavras vazias. E, durante séculos, a mulher não teve permissão nem de falar, é por isso que a mente das pessoas está cheia de lixo e sua vida, vazia. Não sabem nada dos problemas reais, que devem ser enfrentados a todo momento, desde o berço até a cova.

O dr. Ranade, um grande filósofo indiano, um homem contemporâneo, foi um respeitado professor de filosofia da Universidade de Allahabad. Em sua época, o departamento de filosofia dessa universidade era o mais proeminente, considerando que a Índia tem quase uma centena de universidades.

Estive com ele pouco antes de ele morrer. Estava velho, aposentado, mas as pessoas – não só de seu país como do mundo afora – ainda vinham de longe para lhe fazer perguntas.

Eu estava próximo dele, e ele me disse: "Quais são suas questões?"

Respondi: "Não sei".

"Por que me procurou então?"

"Só para vê-lo e observar as pessoas que o procuram sem parar, de manhã à noite", respondi.

Observei-o por umas seis horas, e todas as pessoas o procuravam com questões abstratas: "Deus existe? Existe mesmo alma? Existe vida depois da morte?" E ele as respondia.

Seis horas depois, eu lhe disse: "Você está velho, eu sou jovem. Lamento dizer isso, não parece correto, mas talvez não nos vejamos de novo: você desperdiçou sua vida. Nessas seis horas. percebi como foi que você a desperdiçou. Não ouvi nenhuma pergunta nem resposta que *realmente* diga respeito à vida. Essas pessoas vieram de longe, e você teve uma vida longa, mas, do meu ponto de vista... Não pense que estou sendo desrespeitoso, ao contrário, estou dizendo isso por respeito. Não desperdice o pouco tempo que ainda lhe resta. Pelo menos no ocaso da vida, questione algo mais autêntico".

Ele ficou chocado porque ninguém nunca lhe tinha dito tal coisa. Mas era um homem sincero, por isso disse: "Sou velho, você é jovem, mas você está certo".

A pergunta relevante não é se existe vida depois da morte, mas se você está vivo antes da morte.

A pergunta relevante não é se Deus é amoroso, justo, imparcial, compassivo. A questão relevante é: *você* sabe o que é o amor? *Você* sabe o que é justiça? *Você* sabe o que é compaixão? *Você* já vivenciou e experimentou todos esses tesouros da existência?

A pergunta relevante não é se a alma existe ou não. A pergunta relevante é: você já se aprofundou em si mesmo para ver se tem uma realidade interna ou se você não passa de um recipiente sem conteúdo?

Khalil Gibran não é um filósofo do abstrato. As pessoas muito interessadas no abstrato estão na verdade fugindo dos problemas reais da vida. São covardes, não filósofos. Mas esses covardes andam dominando o pensamento do mundo.

As perguntas mencionadas até aqui partiram de mulheres. E havia na praça uma multidão – pessoas letradas, religiosos, filósofos. Mas quando fizeram perguntas, Al-Mustafá – que representa Khalil Gibran – não as respondeu. Quem perguntou pode ser um tonto, e não temos que responder a perguntas idiotas.

Mas assim que Almitra saiu do templo em frente à praça, Al-Mustafá começou a responder de um modo que talvez ninguém nunca tenha feito antes.

Se alguém perguntasse a grandes filósofos, como Martin Heidegger, Jean-Paul Sartre ou Immanuel Kant, sobre filhos, eles ririam. Diriam: "Somos filósofos, não estamos interessados em trivialidades. Filhos? Isso é uma questão filosófica? Casamento? É uma questão filosófica?" Bastar olhar os grandes tratados filosóficos da humanidade, ali você não vai encontrar amor, casamento e filhos.

Mas digo a você, todos esses grandes tratados são apenas fugas da realidade da vida. Immanuel Kant estava interessado na existência de Deus, mas era incapaz de amar quem quer que fosse.

Não tinha amigos. Essas coisas são pequenas para esses grandes filósofos. Repito: eles são covardes.

Uma mulher interpelou Immanuel Kant... Ela já tinha esperado muito tempo porque achava deselegante tomar a iniciativa, contrariando a sua natureza feminina. Mas a vida é curta, ninguém pode esperar demais. A juventude é ainda mais curta, e a beleza é apenas uma flor que se abre pela manhã e murcha à tarde. Então, essa mulher disse a Immanuel Kant: "Eu amo você. Você me ama? Basta um sim e vou esperá-lo a vida toda".

Mas Immanuel Kant não disse sim. Disse: "Primeiro, preciso refletir". Levou três anos consultando livros de diferentes raças, países, séculos, a fim de coletar dados contra e a favor do casamento. E ficou perplexo porque havia um equilíbrio entre esses dados – as razões em favor do casamento e contra ele tinham o mesmo peso.

Ao longo desses três anos, o seu empregado – durante a vida toda ele teve um empregado – o observou. Um dia, esse empregado disse: "Não sou filósofo, sou um pobre coitado, seu criado, e isso não é da minha conta, mas tudo tem limite. Tenho reprimido a minha vontade de dizer algo ao senhor, mas hoje me decidi.

"Quando o senhor foi à universidade, eu li suas anotações contra e a favor do casamento. São iguais; portanto, o senhor não consegue tomar uma decisão. Só quero lhe dizer uma coisa: o senhor nunca experienciou o amor. E todos esses argumentos são incapazes de lhe oferecer essa vivência. Diante de um mesmo peso para os dois lados de uma questão e da dificuldade para tomar uma decisão, sugiro humildemente que decida sempre pelo 'sim', pois isso abre uma porta para a experiência. O 'não' vai fechar essa porta."

Immanuel Kant mal pôde crer que tal pensamento nunca lhe tivesse ocorrido antes. Apressou-se a bater à porta da mulher.

Um senhor a abriu, ele se apresentou: "Sou Immanuel Kant e talvez o senhor seja o pai da mulher. Vim lhe dar o 'sim'". O senhor respondeu: "Tarde demais. Ela já está casada e tem dois filhos. Vá bater em outra porta".

Mas ele era tão covarde que não teve coragem de abordar outra mulher. Com toda a sua filosofia... e isso acontece com todos os grandes filósofos. Mas ninguém analisou o lado psicológico disso: por que eles estão interessados em problemas insignificantes e estranhos e não nas questões reais da vida? Porque problemas reais demandam coragem.

O mundo não conhece uma única mulher que seja uma grande filósofa. Como poderia uma mulher ser uma grande filósofa? Ela quer saber: *Fala-nos dos Filhos*, de casamento, de amor. A mulher tem uma autenticidade própria, pela simples razão de que todo o seu interesse está nos pequenos problemas da vida, os problemas íntimos da vida – problemas que ela tem de encarar a cada momento.

Infelizmente, é uma grande perda para o mundo, que está cheio de filósofos cretinos, enraizados no medo e na covardia. Ouvir a mulher seria de uma ajuda imensa para a humanidade, sobretudo se suas questões fossem respeitadas e respondidas não apenas por meio da razão, mas do fundo do coração.

A dúvida de um homem não está vinculada a nada íntimo, do coração. De que modo Deus está vinculado com o seu coração? Ou vida depois da morte? Essas são reflexões racionais.

Lembre-se disso: *O profeta*, de Khalil Gibran, proporciona uma dimensão totalmente nova à filosofia, dando crédito e respeito a pequenas coisas da vida, pois a vida é feita de coisas pequenas, e, se você não consegue resolvê-las, esqueça os grandes problemas. Como vai solucioná-los? Você só está perguntando a respeito deles porque não quer ter consciência dos problemas reais e pragmáticos da vida.

E ele disse:

Escute com atenção, pois na literatura mundial há poucas afirmações de tamanha beleza, verdade e honestidade:

"Vossos filhos não são vossos filhos.

Um filho não é uma coisa. Não é possível possuir um filho. Dizer: "Este é *meu* filho" é declarar sua ignorância.

Não é possível possuir a vida. Você pode tê-la de mãos abertas, mas assim que fecha os punhos a vida escapa delas. Praticamente todos os pais do mundo já estragaram os filhos pelo fato de terem reivindicado essa posse. Possuir um filho? Se você não consegue gerar vida, como pode possuí-la? Ela é um presente da fartura da existência. Sinta-se agradecido por ter sido escolhido como instrumento.

O filho saiu de você, mas isso não significa que pertença a você. Você não passa de uma travessia. Se os pais se lembrassem dessa verdade simples e trivial, o mundo seria um lugar completamente diferente.

São os filhos e as filhas da ânsia da Vida por si mesma.

Trata-se da vida eterna, que flui pelas montanhas, matas e planícies. A criança que veio através de você já veio de muitos outros antes de você. Tem a eternidade antes de si e diante de si. Já esteve em muitos lares, em muitas cidades, em muitos lugares estranhos. Entre esses milhares de instrumentos, você é mais um. Seja humilde e respeitoso com a criança. Nenhuma sociedade no mundo até hoje teve respeito pela criança. Todo o respeito é para os mais velhos, os idosos, quase mortos. Todo o respeito é para o cemitério, nenhum para o berço.

E a criança é a vida mais pura – não contaminada.

Al-Mustafá tem razão quando diz:

São os filhos e as filhas da ânsia da Vida por si mesma.
Eles vêm através de vós mas não de vós.

Eles vêm desde sempre.

E embora vivam convosco, não vos pertencem.

Essas pequenas afirmações têm implicações tremendas se você compreende que a criança é *a Vida desejando a si mesma*. Então a criança está mais próxima da fonte da vida do que o idoso. O idoso está mais próximo da morte. Estranhamente, porém, a morte tem sido adorada e respeitada, e a vida, esmagada e destruída de várias maneiras.

Se os pais reconhecessem que o filho sai deles, mas não lhes pertence, então nenhum pai imporia a sua religião, a sua política, as suas ideias a uma criança inocente. Ela é como uma tábula rasa – nada está escrito nela –, mas seus pais têm pressa em fazer dela um cristão, ou hindu, ou budista.

Lembro-me da minha infância. Naturalmente, os meus pais queriam que eu os acompanhasse ao templo da religião a que pertenciam, mas eu já era um pouquinho maluco.

Eu dizia a eles: "É a sua religião, o seu templo. Deviam ter mais paciência. Me deem tempo. Vou encontrar a minha própria religião, o meu próprio templo".

Eles respondiam: "Que história é essa? A criança pertence à religião em que nasceu".

Eu dizia: "A criança pode pertencer ou pode não pertencer, é problema dela. Do meu ponto de vista, não pertenço a nenhuma religião. Nem procurei nenhuma. Permitam que eu me sustente sobre minhas próprias pernas e me ajudem nisso. Não me paralisem. Não me destruam. Se existe a verdade, vou encontrá-la. Mas ela não pode ser emprestada – vocês não podem entregá-la a mim".

Obviamente, eles não ficaram contentes com isso. Nunca dei o meu nome a uma religião... Por sorte, entrei na escola um pouco depois das outras crianças, pois o meu avô só tinha uma filha, a minha mãe. E ele morava em um vilarejo distante onde não passava estrada nenhuma, de modo que as pessoas nunca tinham visto trem, carro, ônibus.

Ele pediu a meu pai: "Eu me sinto muito só desde que você se casou com minha filha. Deixe o seu primeiro filho conosco. Sentimos um grande vazio, a alegria de nossa vida se foi". Minha mãe tinha apenas 7 anos quando se casou. Era assim na Índia, e ainda é assim nos vilarejos.

Meu avô disse: "A nossa filha era a nossa alegria, a nossa canção, a nossa vida. É tão jovem, talvez não consiga tomar conta direito do filho. Deixe a criança crescer aqui conosco, mais tarde vocês a levam, claro. Além disso, vocês terão muitos outros filhos".

Isso para mim foi uma bênção. A mãe do meu pai morreu quando ele se casou; ele só tinha 10 anos. Quando nasci, ele deveria ter 20 anos e minha mãe, 17. Não tinham ideia de como criar um filho. Então, foi uma bela oportunidade. Fui criado pelos meus avós maternos. Lá não havia escola, não havia templo, não havia religiosos – tive muita sorte em tudo. Cresci quase como uma criança selvagem e assim continuei.

Meu avô materno morreu quando eu tinha 7 anos. Já era grande o suficiente para ter ideias próprias, então, quando voltei para a casa dos meus pais, éramos estranhos. Eu nunca tinha conhecido a minha mãe como mãe. Só conhecia minha avó.

Os primeiros sete anos de vida da criança são os mais importantes, são o alicerce. Portanto, quando o meu pai me levou à escola e foi preencher um formulário que perguntava qual era a minha religião, eu o interrompi.

Eu lhe disse: "Escreva 'Por enquanto, sem religião. Ele vai procurar e tentar encontrar uma'".

Meu pai disse: "Isso é muito estranho".

"Não, a verdade, ainda que estranha, jamais será realmente estranha. Uma mentira, ainda que familiar, jamais é familiar. Não existe", eu lhe disse.

À medida que eu mudava de uma escola para outra até a universidade, isso continuou sendo um problema. Considera-se natural que todo mundo tenha uma religião de nascimento. Isso é uma idiotice. Como alguém pode nascer com uma religião? Talvez você seja filho de um médico, mas isso não significa que você venha a ser médico porque é filho de médico. Talvez seu pai e sua mãe sejam médicos – isso também não faz diferença. Se quiser ser médico, você terá que passar por toda uma formação e pelas provas, só depois disso se tornará médico.

Veja, quando se trata de coisas comuns, é fácil perceber logo que uma criança não nasce médico, não nasce professor nem cientista. Como pode nascer místico?

Preencher formulários sempre foi um problema. O funcionário dizia: "É preciso preencher tudo. Você esqueceu uma coisa".

Eu dizia: "Deixei em branco de propósito, porque não conheço ainda a minha religião".

E lá ia eu para a diretoria: "O que vamos fazer com esse menino? Ele diz que ainda não encontrou sua religião, mas é necessário preencher o formulário por completo. Não é permitido deixar nada em branco".

Eu retrucava: "Vocês podem rejeitar a minha ficha, podem rejeitar a minha inscrição em sua instituição, mas não posso mentir. Não tenho religião".

Tentavam me convencer, carinhosamente: "É só um formulário. O seu pai deve ter uma religião".

Eu então dizia: "Esse formulário diz respeito a mim, não a meu pai. No que diz respeito a meu pai, a religião dele vem com seu nome. Mas eu não tenho religião nenhuma".

Tinham de aceitar. Eu dizia também: "Na verdade, vocês deviam desistir desse tipo de ficha que solicita a religião da pessoa".

Mesmo quando me formei na universidade... Eu conhecia bem o ministro da Educação, pois ele tinha sido vice-reitor, e eu tinha ido muitas vezes a sua universidade para participar de competições de debate. Eu tinha conquistado todos os brasões e troféus, portanto, ele me conhecia muito bem.

Havia a exigência de que era preciso ganhar o brasão durante três anos consecutivos para que o prêmio fosse seu. Caso contrário, você teria que devolvê-lo no ano seguinte, quando haveria de novo outro debate. Mas eu sempre vencia, por isso ele me disse: "Você é estranho. Esses brasões e troféus têm ficado conosco desde que a universidade foi fundada, há cinquenta anos, pois ninguém conseguia vencer os debates por três anos consecutivos. Agora temos um problema: todo ano temos que comprar um brasão novo, um troféu novo, e sabemos que, se você vier novamente...".

Ele tinha assumido o Ministério da Educação, então, fui falar com ele: "Passei em meus exames de pós-graduação, completei todo o curso, e gostaria de ser logo indicado para qualquer universidade que o senhor considere adequada".

Ele respondeu: "Não é assim que se faz. Primeiro, você preenche uma ficha de inscrição". De novo, o mesmo problema: "Qual é a sua religião?"

"O que a religião tem a ver com minhas qualificações como professor?", perguntei. "Eu não tenho religião. E se me recusarem, vou dar a minha primeira entrevista coletiva à imprensa."

"Não faça isso. Escreva qualquer coisa, qualquer religião. Escreva de um jeito que ninguém consiga ler, mas a ficha tem que ser preenchida", ele disse.

"Não posso fazer isso."

Desde que entrei na escola, essa linha dos formulários ficava em branco. Ainda fica. Encontrei a religiosidade, mas não encontrei nenhuma religião. E fico muitíssimo feliz que ninguém tenha me forçado a aderir a uma doutrina, um Deus, uma concepção de existência.

Toda criança tem o direito inato de não ser perturbada nem condicionada pelos pais, pois existe o direito ainda mais básico, que é a busca, a procura, a peregrinação.

> E embora vivam convosco, não vos pertencem.
> Podeis outorgar-lhes vosso amor, mas não vossos pensamentos,

Mas o que ocorre é o oposto disso. Você se lembra de seus pais? Eles estavam interessados em oferecer-lhe amor incondicionalmente? Ou queriam usar esse amor para lhe contaminar a mente com religião, ideologia política, nacionalismo? Se assim não fosse, por que a humanidade é tão dividida? Quem é o criminoso por trás disso? Por que tantas nações? Por que tantas religiões?

A humanidade é uma só. A verdade é uma só. Mas as pessoas não foram autorizadas a procurar a face original delas. Receberam máscaras, e as usam a vida inteira, acreditando que são sua face original.

Como você sabe que é cristão? Você nunca esteve com Cristo. Não pode escolher entre gostar de Cristo, ou de Buda, ou de Mahavira, ou de Lao-Tsé, ou de Zaratustra.

A sua religião é a sua amarra. É o seu aprisionamento. O seu cristianismo, hinduísmo, islamismo, jainismo são correntes que você não enxerga, pois elas não estão amarrando o seu corpo, mas a sua alma. O homem que tenha adotado ideologias alheias se vendeu. É um escravo, embora o fim da escravidão tenha sido anunciado de todos os púlpitos de todos os países.

Digo que isso não é verdade. Sim, a escravidão mudou de formato, ficou mais perigosa. Se você me algema, meu espírito ainda é livre; se prende meus pés, meu espírito ainda é livre. Pode destruir meu corpo, meu espírito ainda é livre. Mas poluir sua mente com hinduísmo, budismo, islamismo, cristianismo é atar correntes invisíveis ao seu espírito. É esse o verdadeiro crime. Até os dias de hoje, todos os pais do mundo são responsáveis por isso.

> Podeis outorgar-lhes vosso amor, mas não vossos pensamentos,
> Porque eles têm seus próprios pensamentos.

Esses pensamentos ainda não amadureceram, ainda são sementes. Ainda são apenas potencialidades, mas com liberdade e amor se tornarão realidades, serão atualizados. Quando o seu próprio pensamento se tornar realidade, vai lhe trazer uma alegria, uma satisfação, um êxtase inimagináveis. Está além da sua capacidade mental conceber ou ter noção disso, pois isso vai amadurecer em seu coração, vai florescer em seu coração.

> Podeis abrigar seus corpos, mas não suas almas;

Cheio de boas intenções, os pais matam os próprios filhos. Vemos em todos os cantos do mundo esses zumbis, que perderam a alma ainda antes de terem qualquer noção sobre ela.

> Pois suas almas moram na mansão do amanhã, que vós não podeis visitar nem mesmo em sonho.

Você pertence ao passado; seus dias estão no fim. Os pais não conseguem conceber o futuro, e os filhos não vão viver no passado, portanto, não devem sobrecarregá-los com suas escrituras mortas. Eles terão os próprios textos sagrados, os próprios santos. Terão um Buda próprio, um Cristo próprio. Por que deveriam ser sobrecarregados com o passado? Eles têm o futuro pela frente.

Se você ama seus filhos, mantenha distância deles. Ajude-os a serem fortes, a serem capazes de procurar pelo desconhecido, mas não lhes transmita as suas ideias, elas são totalmente inúteis para eles. Por causa delas, eles vão desperdiçar o destino deles. Você os distrai com elas.

Apenas observe crianças pequenas e veja a clareza da visão delas.

Eu ouvi dizer…

Em uma pequena escola, um religioso cristão estava ensinando às crianças que Deus criou todas as coisas, o universo, em seis dias e que no sétimo dia ele descansou.

Um menino ergueu a mão e perguntou: "E as estradas de ferro?"

O religioso ficou sem saber o que dizer. Obviamente, nem no Novo nem no Velho Testamento há alguma menção de que Deus tenha criado as ferrovias. Outro menino ergueu a mão. O professor disse: "Você também quer fazer uma pergunta?"

Ele disse: "Não, quero responder".

O professor mal pôde crer que não conseguia encontrar uma resposta, mas que o menino… Então, disse: "Está bem. Vamos lá. Qual é a sua resposta? Seu colega perguntou das ferrovias".

O garoto respondeu: "Está escrito que Deus criou todas as coisas rastejantes – as ferrovias, inclusive!"

As crianças pequenas têm percepção e clareza. À medida que você envelhece, começa a enferrujar. Todo mundo lhe dá conselhos – conselho é a única coisa nesse mundo que todo mundo dá e ninguém aceita –, mas isso atrapalha a mente das crianças pequenas que dependem de você.

Al-Mustafá tem razão... *Podeis abrigar seus corpos, mas não suas almas; Pois suas almas moram na mansão do amanhã.* Você pertence ao ontem, as crianças, ao amanhã. Dê-lhes o máximo de amor. O presente é um ponto de encontro, mas é também um ponto de partida. Você vai partir deste presente em que o encontro se dá. A cada dia, a distância entre você e seus filhos vai ficar maior.

Aliás, falam muito da distância entre gerações. Essa distância entre gerações é uma das coisas mais bonitas deste século. Esforce-se para ampliá-la, torne-a intransponível. Caso contrário, você carregará cadáveres a vida toda.

Buda morreu há 25 séculos. Jesus morreu há 2 mil anos. O homem é maluco? Por que continuar carregando esses mortos? Você está séculos à frente, a evolução não parou com Buda; Buda ficou séculos atrás. Mas, como você carrega o fardo desses corpos, não consegue criar seus próprios budas.

Se você estiver absolutamente livre do passado, encontrará picos mais altos de consciência – mais altos do que encontraram qualquer Cristo ou Buda. Não estamos em queda. A nossa consciência está alcançando as estrelas, mas é muito difícil compreender uma verdade tão óbvia. O passado é a maior barreira a sua vida.

O delegado de polícia... Lembre-se, posso perdoá-lo, mas não posso me esquecer dele. Vou continuar martelando a cabeça dele. Mesmo em sua cova, o meu martelo vai continuar martelando-o.

Ele disse ao responsável pelo *ashram* que eu não deveria criticar nenhuma religião. O que significa isso? Eu não deveria criticar o passado, mas é o passado, tão feio, que precisa de toda a crítica do mundo, de modo a ser apagado da sua mente para que ela possa se abrir para o futuro.

Você está grávido de muitos Budas e muitos Cristos. Por que retroceder? Mas como você já está sobrecarregado, preciso condená-los e criticá-los – e dou liberdade a quem quiser me criticar. Mas jamais imaginei que iria enfrentar uma humanidade tão impotente. Não passa de impotência um pedido deste tipo: "Não critique nenhuma religião".

Muçulmanos se casam com quatro esposas. Se você criticar isso, estará criticando a religião deles, pois no Corão, seu livro sagrado, Maomé permite que se casem com quatro ou mais mulheres. Eu não criticaria isso, não falaria sobre isso, se Maomé tivesse dado o mesmo direito às mulheres, de modo que cada mulher pudesse ter quatro maridos. Aí seria justo. Felizmente, a natureza não conhece nada do islamismo.

Por que digo "felizmente"? Porque uma mulher só já basta para acabar com um homem! Quatro mulheres para cada homem... você vai ver, em todas as casas, um Jesus Cristo na cruz!

Ouvi dizer que um ladrão foi pego com a boca na botija, roubando uma casa. O juiz perguntou: "A que horas você entrou na casa?"

Ele respondeu: "Por volta das dez da noite".

O juiz disse: "Mas o que ficou fazendo a noite toda? Afinal, foi pego às seis da manhã".

Ele disse: "É uma longa e triste história. Só gostaria de lembrá-lo: seja qual for a minha punição, eu a aceitarei. Até a crucificação é aceitável, mas não me dê a punição de me casar com duas mulheres".

O juiz comentou: "O senhor é estranho. Passou a noite toda na casa, não roubou nada, mas foi encontrado lá e agora está me pedindo para que não lhe dê como punição casar-se com duas mulheres? Tal punição não existe. Não se preocupe. Mas qual é a história?"

"Infelizmente, a história toda é: entrei na casa, o homem tinha duas esposas. Uma delas vive no térreo, a outra, no primeiro andar. E ambas estavam puxando o homem para o seu respectivo andar. Na escada, uma mulher vinha e puxava o homem para o andar de cima, e a outra ia e puxava o homem para baixo. Fiquei tão absorto com isso que me esqueci completamente do meu trabalho, da razão da minha entrada ali. De qualquer modo, era impossível roubar, porque o homem chorava, e as mulheres gritavam... Então, por favor, não me dê essa punição!"

A natureza gera um número semelhante de homens e mulheres. Ninguém pode me impedir de condenar nem de criticar um conceito que vai contra a natureza. Sim, qualquer um tem o direito de se contrapor a minha crítica. O próprio Maomé casou-se com nove mulheres. Qual é sua opinião sobre as mulheres? São *objetos*? Mercadorias? Gado? E, se isso fosse apenas uma história de séculos atrás, não haveria com o que se preocupar. Mas, neste século, Nizam de Hiderabade[*] teve quinhentas esposas – e querem que eu não critique isso? Mas o pobre Nizam não é nada comparado a Krishna, o deus hindu, que teve 16 mil esposas!

A favor de Nizam e Maomé, pelo menos pode ser dito que se casaram com o consentimento dos pais das mulheres. Krishna, que os hindus têm como deus, simplesmente raptava qualquer mulher que achasse bonita. A maioria era casada, com filhos, tinha que tomar conta da própria casa e da família.

Ele tinha esse comportamento criminoso apenas porque tinha poder e exército... Seus soldados invadiam a casa de qualquer um e raptavam a mulher que ele desejava. Assim, tornou-se um grande colecionador de mulheres. E essas 16 mil famílias? As crianças, os maridos, os avós? Mas não vou criticar nenhuma religião.

Se alguém tiver uma resposta qualquer, vou prestar toda a atenção nela. Se alguém conseguir me convencer de que esse

---

[*] Nizam era o título dado aos soberanos de Hiderabade, Estado principesco da Índia britânica (1724-1948). (N. da T.)

tipo de comportamento é religioso, moral, digno de um homem que acham que é deus, eu aceito. Mas, antes de mais nada, é preciso provar. Como ninguém consegue provar, esconde essa fraqueza me impedindo de criticar as religiões.

Todo o passado da humanidade é também o meu passado, é também a *minha* herança. Tenho o direito de criticar o meu passado, a minha herança. Sempre que vejo algo feio, desumano, bárbaro, *tenho* de criticar com a maior veemência possível. Quem não deseja que sua religião seja criticada deveria se afastar dela, pois não tem valor.

Jamais afirmei que não se deve criticar o que digo. Na verdade, tenho estimulado as pessoas a me criticarem, pois sei que existe verdade no que digo. E, se não posso criticar o passado – esse passado feio e podre –, como vamos criar um futuro melhor?

Você já ouviu dizer que a história se repete. Ela se repete por causa de gente como esse homem. Se o passado é criticado, ele não vai se repetir, mas se continuam fazendo qualquer coisa em nome da religião… Por exemplo, os *sikhs* têm permissão de usar uma espada por razões religiosas. Estranho… se os *sikhs* têm permissão de portar uma arma tão perigosa, que pode destruir qualquer vida, qual é a garantia de defesa das demais pessoas? Ou todo mundo tem permissão ou ninguém tem. Critérios diferentes simplesmente demonstram que se trata de jogo político devido ao medo. Os britânicos tinham medo; durante trezentos anos, eles permitiram que os *sikhs* portassem espadas.

Então, podemos criar ideias religiosas próprias e ninguém as pode criticar. Posso determinar que todo *sannyasin* ande armado. É um direito religioso. Qual é o problema? O delegado de polícia nos ordenou que neste lugar não deveria haver nenhuma arma de fogo. Ele deveria se olhar no espelho. Por que então os *sikhs* têm essa permissão? Não estou dizendo que os *sikhs* não deveriam tê-la, só estou dizendo que deveria haver uma única norma para todo ser humano. Essas distinções são feias, imorais e corruptas.

O delegado solicitou que haja policiais nas minhas palestras. Por que não solicita isso também dos muçulmanos, que policiais estejam presentes em suas orações, seus sermões, em suas mesquitas? Se ele não pode fazer isso com eles, não pode fazer isso conosco.

Ele pede que dentro ou fora deste lugar não haja "comportamentos obscenos" por parte dos *sannyasins*. Todos os textos sagrados dos hinduístas são obscenos. Convido quem tenha coragem a ver o que está escrito nesses textos. Na Bíblia existem quinhentas páginas de pura obscenidade, e mesmo assim ela é "sagrada". Não é possível encontrar um livro menos sagrado neste mundo.

Um amigo meu reuniu essas quinhentas páginas e publicou um livro. Nenhum governo vai permitir que esse livro seja divulgado em seu país, ele será censurado. Mas, estranhamente, essas quinhentas páginas trazem textos literais da Bíblia. Se forem proibir qualquer coisa, que proíbam a Bíblia. Porém, há critérios ambíguos em todo lugar.

Os pais não deveriam influenciar o pensamento dos filhos, pois seus pensamentos já estão ultrapassados. Os filhos terão os próprios pensamentos.

Até as árvores sabem disso. No outono, as folhas velhas caem e desaparecem na terra, dando espaço a folhas novas – mais verdes, mais jovens, mais seivosas. Se as árvores continuassem presas às folhas velhas, não haveria espaço nem possibilidade para surgirem as novas.

Você já se perguntou por que não surgem pessoas como Buda, Lao-Tsé, Chuang-Tzu, Matsuo Bashô, Kabir, Jesus, Zaratustra no mundo contemporâneo? O que aconteceu? A humanidade é uma força desperdiçada? Não, a humanidade está mais poderosa, com mais energia ainda. Mas o passado continua ficando cada vez maior. Naturalmente, a cada dia, o dia se junta com vários ontens. Agora o passado virou quase um Himalaia no frágil peito do ser humano. É por isso que não temos mais seres tão belos. E se de vez em quando um homem emerge, ele parece tão estranho, tão deslocado, que ninguém o tolera. Nós nos esquecemos do sabor que o mundo tinha quando havia milhares de pessoas iluminadas. Ninguém se incomodava. As pessoas sentiam muita gratidão.

Mas hoje a situação é completamente diferente. A sobrecarga mental impede que você enxergue o novo. E o novo só vai falar do passado, dos mortos, e se perder.

Já pesquisei os textos sagrados de todas as religiões: são todos obscenos. Porém, nenhum governo ousa proibi-los. Mas pedem que o meu povo não se comporte de modo indecente.

Primeiro, tome conta de sua própria casa. Primeiro, clareie sua própria mente, e, se não consegue fazer isso, estou aqui e meu povo está aqui. Venha, fazemos lavagem a seco! Você só precisa trazer o seu cérebro, pois ouvi dizer...

Um político ia fazer uma cirurgia – na verdade, todos os políticos deviam passar por uma. É que esse político estava ficando tão maluco que até outros malucos começaram a dizer: "Você passou dos limites!"

Então, finalmente, ele consultou um neurocirurgião. Examinaram o cérebro dele e disseram: "Meu Deus! Parece mesmo um cérebro de político. Está tudo errado".

Então, tiraram o cérebro inteiro e foram para outra sala a fim de limpá-lo. Isso iria levar umas seis horas. Enquanto limpavam seu cérebro na outra sala, duas pessoas vieram até onde ele estava, sozinho, e o chacoalharam. Ele abriu os olhos.

Eles disseram: "O que está fazendo aqui? Você foi escolhido para ser primeiro-ministro do país!"

Ele deu um pulo e saiu correndo com seus amigos. Quando os médicos voltaram, ele não estava lá. Tinham tido tanto trabalho! Exclamaram: "Meu Deus, onde será que ele se meteu, e sem o cérebro?!"

Foram atrás dele. Alguém disse: "Nós o vimos com duas pessoas, correndo na direção da casa do primeiro-ministro".

Lá foram os cirurgiões. O homem tinha se tornado primeiro-ministro do país. Os médicos disseram: "Você esqueceu o seu cérebro na nossa sala de cirurgia!"

Ele disse: "Não se preocupem, basta guardá-lo. Enquanto eu for primeiro-ministro, não vou precisar dele!"

Não ofereça o seu passado corrompido de herança a seus filhos. Eles têm o próprio futuro. Deixe que desenvolvam o próprio potencial.

> Podeis esforçar-vos por ser como eles,

É aí que Khalil Gibran supera as suas percepções:

> Podeis esforçar-vos por ser como eles, mas não procureis fazê-los como vós;

E o que diz a Bíblia? "Deus criou o homem à sua imagem e semelhança." Desde então, todo pai tenta criar seu filho à sua imagem e semelhança. Al-Mustafá diz exatamente o oposto disso: *Podeis esforçar-vos por ser como eles...* porque eles são do futuro e são inocentes. Estão mais próximos da existência do que você. Você não tem nada além da morte à sua frente, mas muita coisa vai acontecer com eles ainda: amor, meditação, gratidão. Por favor, resista à tentação de fazer do seu filho uma cópia de você mesmo. Isso é possível, mas você teria que matá-lo. Por isso digo que todos os pais estão matando seus filhos só para fazer cópias de si mesmos. E o filho tem toda a capacidade de ser uma expressão original.

Essa expressão original tem beleza, tem algo de divino. Tem carisma. A cópia não tem nada.

Porque a vida não anda para trás e não se demora com os dias passados. Vós sois os arcos dos quais vossos filhos são arremessados como flechas vivas

... em direção ao desconhecido e ao irreconhecível. Não os impeça. Ofereça-lhes coragem, amor, para que cheguem à estrela mais distante.

Vós sois os arcos dos quais vossos filhos são arremessados como flechas vivas.
O Arqueiro mira o alvo na senda do infinito e vos estica com toda a Sua força para que Suas flechas se projetem, rápidas e para longe.

A existência deseja que você se curve como um arco para seus filhos porque eles precisam ir longe e você precisa lhes dar força.

Que vosso encurvamento na mão do Arqueiro seja vossa alegria:

Sinta-se feliz quando o seu filho começar a se afastar de você, quando começar a se tornar um indivíduo por conta própria. Sinta-se abençoado por ele não ser um tolo submisso. Com exceção dos tolos, ninguém é obediente.
Inteligência é rebeldia. Sinta-se abençoado e abençoe o filho: que você tenha dado à luz um espírito rebelde. Isso deveria ser seu orgulho, mas as pessoas ficam ansiosas.

Que vosso encurvamento na mão do Arqueiro seja vossa alegria:
Pois assim como Ele ama a flecha que voa, também ama o arco que permanece estável".

A existência ama vocês dois. Vocês também são filhos da mesma existência.
Mas o seu tempo passou. Dê lugar aos arcos novos e os abençoe.

Capítulo 5

Dádiva
Quando você se dá

Então, um homem opulento disse: "Fala-nos da Dádiva".

E ele respondeu:

"Vós pouco dais quando dais de vossas posses.

É quando derdes de vós próprios, que realmente darei.

Pois, o que são vossas posses, senão coisas que guardais por medo de precisardes delas amanhã?

E amanhã, que trará o amanhã ao cão ultraprudente que enterra ossos nas areias movediças, enquanto segue os peregrinos para a cidade santa?

E o que é o medo da necessidade senão a própria necessidade?

Não é vosso medo da sede, quando vosso poço está cheio, a sede insaciável?

Há os que dão pouco do muito que possuem, e fazem-no para serem elogiados, e seu desejo secreto desvaloriza seus presentes.

E há os que pouco têm e dão-no inteiramente.

Esses confiam na vida e na generosidade da vida, e seus cofres nunca se esvaziam.

E há os que dão com alegria, e essa alegria é sua recompensa.

E há os que dão com pena, e essa pena é seu batismo.

E há os que dão sem sentir pena nem buscar alegria e sem pensar na virtude:

Dão como, no vale, o mirto espalha sua fragrância no espaço.

Pelas mãos de tais pessoas, Deus fala; e através de seus olhos, Ele sorri para o mundo.

É belo dar quando solicitado; é mais belo, porém, dar sem ser solicitado, por haver apenas compreendido;

E para os generosos, procurar quem receberá é uma alegria maior ainda que a de dar.

E existe alguma coisa que possais conservar?

Tudo que possuís será um dia dado.

Dai agora, portanto, para que a época da dádiva seja vossa e não de vossos herdeiros."

Al-Mustafá está adentrando o mundo do homem, particularmente do homem rico. Antes que eu comente suas magníficas afirmações, é absolutamente necessário fazer algumas observações.

A ambição sempre corrompeu a vida. Não há nenhum outro veneno mais potente do que a ambição, pois ela mata a pessoa, mas a conserva respirando. A ambição transforma a pessoa em vegetal, e esse gosto pela ambição é apresentado à criança com o leite materno. Desde esse primeiro instante, a vida passa a se basear nos princípios da destruição. Nada é mais destrutivo que a ambição.

Todos nós ouvimos dos pais, professores, religiosos, vizinhos, de todos os assim chamados benfeitores, que devíamos ser alguém especial, importante, poderoso. E o dinheiro oferece mais poder do que qualquer outra coisa, pois até os políticos são mercadorias. É possível comprá-los.

Na verdade, todos os políticos são vendidos nas mãos dos milionários. Porém, esse milionário é a pessoa mais pobre da Terra. Ele conseguiu ser importante, poderoso, mas perdeu sua alma. No seu interior, só há vazio e escuridão.

Por quê? Qual é o mecanismo disso? A ambição é uma escada, e sempre haverá alguém à sua frente. É uma competição. A sua mente está sempre pensando em formas e caminhos, certos ou errados, de ir mais longe que outros. Se você é astuto o suficiente pode ser bem-sucedido, mas no mundo da ambição o sucesso é o fracasso definitivo. O homem só percebe esse fracasso e tem consciência dele quando chega ao último degrau da escada. Aí se dá conta de que desperdiçou a vida inteira tentando chegar mais longe que outros, ser mais santo que outros, ser mais rico que outros. Agora, esse desejo foi realizado.

Malditos são os que atingem o estágio final de sua ambição. Essa ambição foi um sonho permanente – e isso não é fácil, pois todo mundo também está tentando ter o mesmo êxito. Porém, quando você chegar ao último degrau da escada, terá uma grande surpresa e um choque, pois não há mais para onde ir e você estava acostumado a competir, a lutar. E essa não é uma competição comum, é feroz. Não importa quantas pessoas você vai destruir. Seus olhos estão fixos em uma satisfação que está distante.

Você já deve ter ouvido o ditado – ele deve ter sido inventado por idiotas – que diz: "Nada tem mais sucesso que o sucesso". Não se trata da fala de alguém que realmente teve sucesso, pois, afirmo, nada fracassa como o sucesso. Você atinge as metas, mas sua vida inteira passou batida. Não houve tempo para nada, nem para respirar direito, nem para sorrir, nem para amar. Que tipo de vida você levou? Parecia um robô, mecânico, e agora que atingiu a meta desejada você sente uma tremenda frustração, porque não há mais nada.

Poucos têm a coragem de dizer que essa é uma estratégia da sociedade para impedir que as pessoas vivam. Toda a sociedade é contra a vida, o amor, a música, a dança. As árvores são mais felizes, as flores são mais alegres. Quem é sensível até ouve as palavras das pedras. Mas essas pessoas não estão interessadas em metas, pois a meta é sempre para amanhã. Nesse meio-tempo, você se sente infeliz. Quem sabe se vai ser bem-sucedido ou não? Você apostou a vida inteira no sucesso, porém, mesmo que consiga toda a riqueza do mundo, não poderá comê-la. Ela não vai ser um alimento para sua vida e seu espírito. Ao contrário, você se tornou um mendigo rico, rodeado de bens, mas no cerne de seu ser existe apenas uma tigelinha vazia de mendigo.

Lembrei-me de uma historinha muito antiga. Um grande rei quis dar um passeio em seu lindo e imenso jardim. Ao sair do palácio, deu de cara com um mendigo lhe estendendo uma tigelinha, que disse: "Que sorte a minha encontrar o senhor. Estou há meses querendo marcar um encontro com o senhor, mas ninguém se interessa em marcar um encontro com um mendigo".

O rei perguntou: "O que você quer?"

"Não desejo muita coisa. Apenas essa tigelinha cheia com qualquer coisa que o senhor considere digno de um grande rei. Não pense no meu valor, sou um mendigo que não vale nada. Pense no senhor, encha essa tigelinha com algo digno de si."

O rei nunca tinha visto um mendigo que não estivesse pedindo por causa de fome, de sede ou porque não tivesse do que sobreviver. Ao contrário, esse estava dizendo: "Pense no senhor. A sua doação deve ter a assinatura de um grande rei. Qualquer coisa serve".

Era um desafio e tanto, por isso o rei chamou o primeiro-ministro. Antes que pudesse dizer qualquer coisa ao primeiro-ministro, o mendigo disse: "Lembre-se de uma condição: a tigelinha tem que ficar completamente cheia".

O rei respondeu: "Não se preocupe. Tenho um império tão vasto, e a sua tigelinha é bem pequena. Você acha que não vou conseguir enchê-la com alguma coisa?" E só para mostrar isso ao mendigo, ordenou ao primeiro-ministro: "Encha essa tigela de diamantes, rubis e esmeraldas, as pedras mais preciosas, para que ele se lembre sempre de que conheceu um imperador".

Não houve dificuldade nenhuma nisso, porque o palácio do rei estava cheio de diamantes e todo tipo de pedras preciosas. Mas logo surgiu um problema: tudo o que o primeiro-ministro despejava na tigelinha desaparecia de imediato. Parecia impossível enchê-la.

O rei, porém, era também intransigente, egoísta, conquistador de muitas terras. Disse: "Mesmo que seja necessário todo o meu império, eu dei a minha palavra e essa tigela tem de ficar cheia".

Lentamente, todas as pedras preciosas desapareceram. Depois, o ouro, a prata. À noite, o próprio rei já era um mendigo, e a tigelinha continuava tão vazia quanto pela manhã.

O mendigo exclamou: "Estou impressionado. Um imperador tão importante, e o senhor não consegue encher a tigelinha de um mendigo?"

Os rumores tinham se espalhado pelo país, e todo mundo estava acompanhando o fato. A cidade inteira tinha se reunido ali. As pessoas tinham vindo às pressas de lugares distantes. O rei caiu aos pés do mendigo e perguntou: "Fracassei no cumprimento de minha promessa, me perdoe. Mas só vou me sentir perdoado se você me contar o segredo de sua tigelinha, por onde o império inteiro sumiu. Toda a minha riqueza, para onde foi? Essa tigela é mágica? Você é mago?"

O pobre mendigo riu e disse: "Não, não sou mago. Como não tinha dinheiro nem para comprar uma tigelinha, encontrei por acaso o crânio de um homem morto. Eu o poli e cortei-o no formato de tigela. O segredo é que o crânio do homem é tão pequeno que nem o maior império pode preenchê-lo. Ele continuará pedindo mais. Não sou mago, a magia está na cabeça humana. E, por causa dessa tigela, há dias estou faminto. Tudo desaparece e o desejo permanece".

Quando o homem chega ao degrau mais alto da escada, toda a sua vida já passou. E o que ele encontra lá? Nada, mas é preciso coragem para dizer aos demais que estão atrás dele, lutando para atingir o topo.

Buda renunciou ao seu reino, mas não sem motivo. Mahavira renunciou ao seu reino, mas não sem motivo. Os 24 *tirthankaras*, os grandes mestres do jainismo, renunciaram aos seus reinos.

Não é possível que fossem todos malucos. Mas eles enxergaram a realidade: seus pais eram bem-sucedidos, porém apenas aos olhos alheios. Os outros não conseguiam enxergar dentro deles. No fundo, ainda eram mendigos, mais ainda do que quando iniciaram essa jornada da ambição. Um dia você chega a um ponto em que começa a perceber que toda a sua formação, seus pais bem-intencionados, tudo isso estava adormecido.

E não há como voltar atrás, não há como ter a juventude de volta. Não há como fazer as flores do amor crescerem em você, que já está seco, rígido e morto, porque a competição é dura e é preciso ser rígido para ter êxito. Essa rigidez destrói todos os belos valores – amor, alegria, êxtase. Você nunca pensa em meditar. Dinheiro é sua única meditação.

A primeira pergunta vem de um homem rico:

Então, um homem opulento disse: "Fala-nos da Dádiva".

Ele está pedindo: "Eu me esforcei e me arruinei para conseguir cada vez mais, e agora vejo que desde o início a minha vida tomou o rumo errado. Por favor: *Fala-nos da Dádiva*".

"Não quero conseguir mais nada. Essa ideia idiota de obter cada vez mais, sem parar, é suicida. Talvez doando eu venha a me sentir um pouco mais vivo de novo. Talvez uma onda de amor adentre a minha alma escura, talvez um raio de luz. Já tentei ter sem parar, me ensine a doar, talvez seja esse o caminho correto."

As pessoas do Oriente que renunciam ao mundo herdaram uma sabedoria milenar: se você deseja dança no coração e paz na alma, se deseja ser mais consciente e desperto, doe tudo. Não se trata de ser *contra* o mundo, como os assim chamados mestres religiosos de todas as religiões ensinam. Eles não compreendem a psicologia elementar que há nisso. Viram os grandes mestres renunciarem a tudo, a todos os bens, e concluíram obviamente que haveria talvez algum segredo na renúncia. Portanto, há séculos pontificam contra os bens, a vida, o mundo. Você pode ver o resultado definitivo disso no Oriente: cada vez mais pobre, pois, se você vai renunciar, por que razão juntar antes? O Oriente virou um mendigo.

Mas eu lhe digo: a não ser que você tenha, como pode renunciar?

Portanto, Mahavira era imensamente feliz, Buda vivia em êxtase – mas não pense que um mendigo que não tenha nada a que renunciar exteriormente... Ele talvez pareça uma pessoa religiosa, mas no fundo o desejo de ter mais prazer, de ser especial vai espreitando a escuridão. Buda e pessoas como ele não se equivocaram. Mas os eruditos e religiosos, ao verem a sua alegria, paz, serenidade, tiraram uma conclusão errada. Por isso, continuam ensinando valores contrários à vida.

A aritmética é simples: você só pode renunciar se tiver. Se não tiver... Esses dois tipos de pessoas são aparentemente iguais: uma renunciou, outra não tem nada. Ambas estão na mesma situação, mas não na mesma situação psicológica, nem no mesmo espaço espiritual. Portanto, fui mal interpretado em todo lugar do mundo porque venho ensinando o seguinte: primeiro, *tenha*. E depois, se for inteligente, vai renunciar.

A religião não é para os pobres. O pobre pode fingir que é religioso, mas no fundo o desejo de ter mais continua. Ele fala de renúncia, mas não sabe nada sobre isso. A renúncia é o segundo passo.

O júbilo é o primeiro passo. A religião só acontece para quem chegou ao ponto de enxergar que seus desejos são absurdos, que não levam a nada. É preciso que isso seja a sua própria experiência. E nessa experiência a psicologia da possessividade desaparece. Então, há beleza.

Passaram-se 25 séculos e o Oriente não foi capaz de gerar outro Buda. Por quê? Que lógica tremendamente mal interpretada. O homem rico – e *apenas* o homem rico – pode pedir: "Ensina-me a doar". Um homem pobre só pode pedir: "Ensina-me a obter".

Em outras palavras, enquanto você estiver querendo cada vez mais, você é pobre.

O dia em que você despertar para essa ideia insana de que possuir cada vez mais não leva a lugar algum e que a sua vida está escorrendo pelos seus dedos, só então a pergunta terá autenticidade:

"Fala-nos da Dádiva".
E ele respondeu:
"Vós pouco dais quando dais de vossas posses.

As palavras de Khalil Gibran deveriam ser escritas em ouro. Se você está pensando em doar seus bens, não acontecerá uma revolução em sua vida. Pense em doar o seu próprio *desejo de posse*. Bens não são um problema: você pode viver em um palácio, ele não vai atrapalhar você, nem tem consciência de que você existe. O problema é: "Este é o meu palácio!" Essa possessividade precisa ser abandonada; se você abandona o palácio ou não, isso não é relevante.

"Vós pouco dais quando dais de vossas posses.
É quando derdes de vós próprios, que realmente dareis.

A ambição é o caminho do ego. Faz de você cada vez mais você mesmo...

O primeiro-ministro da Índia Pandit Jawaharlal Nehru tinha ido ao Ocidente para uma reunião das Nações Unidas. O seu braço direito no gabinete era Maulana Abul Kalam Azad, que ocupava essa posição porque tinha poder político, não devido a alguma característica especial. Os muçulmanos estavam divididos: a maioria seguia Muhammad Ali Jinnah e queria um território separado, o Paquistão. Maulana Azad permaneceu com o Congresso Nacionalista e, devido à sua formação religiosa – *maulana* é o grau mais alto entre os religiosos muçulmanos –, um grande número de muçulmanos não seguia Muhammad Ali Jinnah.*

Maulana Azad era um grande orador, mas só sabia urdu e árabe. E o ser humano tem a maluquice de achar que aquilo que ele não compreende deve ter uma importância maior. Todos os religiosos do mundo já tentaram isso. O rabino fala em hebraico, e os judeus se impressionam, embora não compreendam nada. O erudito hindu vai falar em sânscrito. Traduzido, é só besteira. Você não sabe o que significa e talvez nem eles saibam o que estão repetindo, pois, traduzido, tudo parece muito bobo.

Os religiosos sempre foram contra a tradução de seus textos sagrados porque, uma vez traduzidos, as pessoas poderiam compreendê-los e o poder do religioso seria dispensado. Se você ouvir um religioso hindu recitando os Vedas, vai se impressionar. Mas procure a tradução. Você vai se sentir como se tivesse sido despertado do sono. Talvez dois por cento das sentenças dos quatro Vedas sejam significativas. Noventa e oito por cento é só bobagem. E isso vale também para o budismo, o jainismo e outras religiões.

Maulana era muito respeitado, e por isso a Índia ainda é o maior país muçulmano do mundo, mesmo depois da separação do Paquistão. Nenhum outro país tem tantos muçulmanos como a Índia. Com certeza, o poder de Maulana sobre os muçulmanos era imenso, mas ele era tão idiota quanto qualquer outro religioso.

Ele não gostou de ocupar o segundo lugar em importância; queria ser primeiro-ministro da Índia. Foi difícil convencê-lo:

---

* Neste trecho, o autor se refere a personagens importantes do movimento de independência da Índia. (N. da T.)

"É constrangedor, para um país dividido em dois porque hindus e muçulmanos não querem viver juntos, ter um primeiro-ministro muçulmano. Os hindus não vão suportar isso. Você tomou uma grande parte do território em nome da religião, agora deixe a Índia para a maioria, os hindus".

Ele relutou, mas se tornou o segundo homem porque sabia que no Paquistão não ocuparia lugar algum. Pelo menos ali era o número dois. Mas o desejo de ser primeiro-ministro do país era tal que, quando Jawaharlal se ausentou, ele imediatamente ordenou ao motorista deste: "Enquanto Jawaharlal estiver fora do país, sou o primeiro-ministro". Então, o carro do primeiro-ministro, com os guarda-costas do primeiro-ministro, a bandeira do primeiro-ministro no carro, outros carros na frente, alguns atrás... Em um dia, ele fez o *show* completo de primeiro-ministro.

Outros ministros do gabinete lhe disseram: "Não existe isso de agir como primeiro-ministro, porque o primeiro-ministro não é o chefe oficial do governo. Se o presidente se ausenta, então o vice-presidente assume durante esse tempo, mas o primeiro-ministro permanece sendo primeiro-ministro onde estiver. Não há na Constituição de nenhum país uma cláusula para que alguém aja como primeiro-ministro. Não faça isso, é absurdo".

Porém, ele não quis ouvir. Em Londres, Jawaharlal foi informado. Imediatamente, telefonou a Maulana: "Não faça algo tão bobo, o mundo inteiro vai rir. Isso não existe. Se estiver bancando o primeiro-ministro, então o que estou fazendo aqui de primeiro-ministro em uma conferência? E o presidente, que é o chefe do país, está aí. Volte para o seu bangalô e comporte-se com inteligência".

Mas é muito difícil comportar-se com inteligência se a sua mente inconsciente está cheia de desejos e ambições.

O Buda é vazio de qualquer ambição. Ele já conhece esse espetáculo. Mas, como os 24 *tirthankaras* dos jainistas, o Buda, as reencarnações hindus de Deus – Rama, Krishna – eram originários de famílias nobres, as mais ricas do país, isso acabou sendo uma calamidade. As pessoas se tornaram adoradoras da pobreza. Se o Oriente é pobre, a razão disso é essa incompreensão. E durante séculos elas foram condicionadas a essa lógica cretina.

Portanto, digo que para ser realmente religioso você precisa viver por inteiro e intensamente a vida mundana, de modo a enxergar que ela não passa de um sonho. Quando você compreender por si mesmo que se trata de um sonho – fútil, insignificante –, o próprio desejo de posse vai desaparecer. Você não vai querer saber de doação, pois na doação ainda existe ego e ignorância. Quem é você para doar?

Al-Mustafá aponta para um fato muito significativo: você doa pouco se... *você doa os seus bens. Você doa de fato quando se doa.* No momento em que não é possessivo o ego desaparece. Você se doou.

> Pois, o que são vossas posses, senão coisas que guardais por medo de precisardes delas amanhã?

A possessividade – isto é meu, aquilo é meu – tem raízes no medo: "O que será do amanhã?" Se você não se apegar a bens, no futuro poderá ter dificuldades.

> E amanhã, que trará o amanhã ao cão ultraprudente que enterra ossos nas areias movediças, enquanto segue os peregrinos para a cidade santa?

É a mesma situação das pessoas que se apegam a seus bens. O cachorro, acompanhando os peregrinos, esconde ossos na areia sem saber que amanhã não conseguirá encontrá-los, porque a caravana dos peregrinos vai se mudar e ele vai junto com ela.

Hoje já é o bastante. E o amanhã vai cuidar de si mesmo.

Isso é confiança – não acreditar neste ou naquele deus, neste ou naquele livro sagrado... O indivíduo verdadeiramente religioso não cultua, ele confia na existência. A adoração é um substituto pobre como o plástico. Ele confia na existência: ele sabe – "Se a existência tomou conta de mim hoje, amanhã vai fazer o mesmo. Vai ser como hoje, e se a existência precisa de mim, vai tomar conta de mim". Essa é a verdadeira doação.

E o que é o medo da necessidade senão a própria necessidade?

Não é vosso medo da sede, quando vosso poço está cheio, a sede insaciável?

Há os que dão pouco do muito que possuem, e fazem-no para serem elogiados, e seu desejo secreto desvaloriza seus presentes.

Todas as religiões exploraram desejos ocultos.

Participei de uma conferência religiosa em Allahabad. Ouvi um *shankaracharya* dizendo a milhares de pessoas o seguinte: "Se você faz a doação de 1 rupia, obterá 1.000 rupias no outro mundo". Que barganha boa! Que bom negócio! Mas todos os textos sagrados hindus estão cheios de tais promessas – "Doe um pouquinho aqui e você vai ter a recompensa do céu".

Isso não é confiança. Não é assim que você se livra de seu desejo maluco por bens. Aqui, você doa 1 rupia e as pessoas vão dizer: "Esse homem é muito religioso, ele deu 1 rupia a um mendigo". Mas não conhecem o seu desejo oculto. Ele fez essa doação como garantia de milhares de rupias depois da morte. Está depositando no banco divino. A taxa de juros parece totalmente absurda!

As pessoas doam só um pouquinho a fim de garantir que vão obter mais no outro mundo. E neste mundo vão obter reconhecimento, respeitabilidade, todo mundo pensando que elas são piedosas.

Um dos sucessores de Mahatma Gandhi, Vinoba Bhave, rodou o país e solicita que as pessoas doassem terras aos pobres, apenas um sexto de suas terras. Recebeu milhares de acres de terras doadas para os pobres. Só mais tarde descobriram que quase todas essas terras eram estéreis, imprestáveis. Mas as pessoas conseguiram o reconhecimento, cadeiras em assembleias e no parlamento. Não só doaram terras deterioradas e inúteis, mas simplesmente *disseram* que haviam doado, nunca as doaram de fato. Não as transferiram aos pobres. E o que o pobre iria fazer com a terra? Ela não tinha valor nenhum. Mas é esse o jeito que o ego humano criou de obter reconhecimento, respeitabilidade, honra.

> e fazem-no para serem elogiados, e seu desejo secreto desvaloriza seus presentes.

Khalil Gibran é de fato um homem religioso cuja sinceridade e autenticidade são raras. Ele está dizendo: "Esses dons não são religiosos. São prejudiciais".

> E há os que pouco têm e dão-no inteiramente.
> Esses confiam na vida e na generosidade da vida, e seus cofres nunca se esvaziam.

Essas são as pessoas que confiam. Se Deus, ou a existência, ou qualquer que seja o nome, pode lhe dar vida, sua generosidade, sua abundância sempre estarão disponíveis para quem confia.

Quando deixei a universidade, renunciando a ela, naturalmente o meu pai ficou muito preocupado. Saiu apressado do vilarejo onde morava, a 200 quilômetros de distância da universidade, para me perguntar: "Você pensou no futuro? Pensou nas doenças? Na velhice?"

"Nunca pensei em meu nascimento, nunca pensei em minha juventude. A mesma fonte de vida que sempre cuidou de mim vai continuar a fazer isso. E, se eu não for necessário, então não é preciso se preocupar comigo; devo ser retirado, deixando uma vaga para alguém necessário. Não se preocupe."

Mas foi bem difícil. Ele não conseguia me convencer, mas fez o que pôde. Eu lhe dizia: "Não vou querer nem 1 rupia de herança. Você já me deu o bastante – seu amor, a rara liberdade que me ofereceu". Mas pai é pai. Ele imediatamente tratou de transferir propriedades para o meu nome, sem me informar a respeito, pois sabia que eu não teria aceitado. Eu só soube disso quando ele faleceu. Havia impostos a serem pagos, e pela primeira vez eu recebi uma carta que dizia: "Você não está pagando impostos".

Eu disse: "Tenho que pagar imposto sobre meu corpo? Até as roupas não me pertencem. Nada me pertence. Não tenho nada, tudo me foi doado pelos meus *sannyasins*. Nunca aceitei as coisas para sempre, aceitei-as apenas para fazer uso delas – eles podem levá-las quando quiserem, pertencem a eles. Não uso um relógio o dia inteiro, apenas durante as palestras, porque não tenho noção de tempo e posso ficar falando sem parar..." De vez em quando, quando me esqueço de olhar as horas, continuo falando. O meu povo me pergunta: "Devemos lhe dar alguma indicação de tempo?" Já lhes disse: "Nunca façam isso, porque não gosto de interferência alguma".

Eu disse a meu pai: "Confio na existência". E provei que a existência tomou conta de mim melhor do que eu mesmo teria feito.

E há os que dão com alegria, e essa alegria é sua recompensa.

Todas as religiões mentiram para você – e o delegado de polícia me diz que não devo criticar nenhuma religião! Mentiram para você. Dizem que, se você doar hoje, será recompensado no paraíso, mas não há nenhum indício do paraíso nem dos milhares de pessoas que já se foram – nem uma carta, um postal dizendo "Sim, o que os religiosos diziam é verdade".

Todo o dinheiro que você doa vai para os religiosos. Mas o desejo de ser recompensado mascara uma verdade simples: na própria atitude de doar, você já se sente feliz, então, de que outra recompensa precisa?

Esse é um dos princípios que mais defendo: que cada atitude já vem acompanhada de recompensa ou punição. Não há necessidade de nenhum Deus anotando coisas ao longo das horas do dia a respeito de milhões de pessoas na Terra. E os cientistas dizem que há pelo menos 50 mil planetas onde a vida existe!

Tenha piedade desse pobre Deus, não o sobrecarregue desnecessariamente. A sua atitude é, em si mesma, uma recompensa ou uma punição, e isso também já apresenta um critério a você: se for uma recompensa, está correto; se for uma punição, está errado. Se for recompensa, é virtude; se for punição, é pecado. Não há necessidade de perguntar a ninguém. Cada atitude é um aprendizado, 24 horas por dia.

E há os que dão com alegria, e essa alegria é sua recompensa.
E há os que dão com pena, e essa pena é seu batismo.

É tão bonito isso em Khalil Gibran! Que até a dor seja uma transformação religiosa. Mesmo que você não doe com alegria, mas com dor, essa dor vai purificá-lo. Essa dor é como o fogo, que vai queimar tudo que há de errado em você. Você vai sair disso mais honesto, mais humano e mais religioso. É esse o significado do batismo – mas não o batismo dos religiosos cristãos.

Vou criticar esse batismo: despejar um pouco de água na testa dos bebês não é batismo, é apenas tolice.

Eu soube de uma história...

Um importante bispo morava na frente de um importante rabino, e naturalmente havia sempre uma competição entre eles. Mesmo entre religiosos, isso acontece.

Certa manhã, o rabino viu o último modelo de um lindo Chevrolet diante da casa do bispo. E o bispo veio e borrifou-o de água. O rabino não conseguiu resistir à tentação – o que esse idiota está fazendo? Acabou perguntando: "Caro senhor, o que está fazendo?"

O bispo disse: "Batizando o carro. Agora ele é cristão".

O rabino ficou muito ofendido com o novo Chevrolet. Naquela mesma noite, juntou dinheiro suficiente para adquirir um lindo Lincoln Continental, um carro de muito mais classe que o Chevrolet. O Chevrolet nos Estados Unidos é carro de pobre. O Lincoln Continental é o melhor carro, um carro de rico.

O bispo logo viu o carro. Pensou: "Meu Deus, esse rabino é impressionante!"

Foi até a casa do rabino e perguntou: "De quem é esse carro?"

"De quem? Eu o comprei. É o último modelo do Lincoln Continental", ele respondeu enquanto cortava o cano de escapamento com a tesoura de jardinagem.

Então o bispo perguntou: "O que você está fazendo?"

O rabino respondeu: "Estou fazendo a circuncisão – agora o carro é judeu".

Idiotas assim não existem apenas em histórias, estão espalhados pelo mundo todo.

O batismo verdadeiro é o fogo que você atravessa, a dor que você atravessa. Não fuja dele. Continue a confiar na existência: se ela lhe traz dor, deve haver alguma razão para isso, algo em seu coração que precisa queimar a fim de que você se purifique.

E há os que dão sem sentir pena nem buscar alegria – esses são os mais puros, os mais religiosos – *e sem pensar na virtude*. Não doam considerando que a doação é tida como virtude em todas as religiões.

Dão como, no vale, o mirto espalha sua fragrância no espaço.

Eles doam como as flores que doam o seu perfume ao vento. Jamais sabem para quem doaram. Não estão preocupados com isso. Apenas oferecem amor em troca de nenhuma recompensa, nenhuma vantagem. Esses são os melhores doadores. Nem têm consciência da doação.

Pelas mãos de tais pessoas, Deus fala; e através de seus olhos, Ele sorri para o mundo.

Eles se tornaram um com a existência. Suas mãos são as mãos de Deus e seus olhos, os olhos de Deus.

Pelas mãos de tais pessoas, Deus fala; e através de seus olhos, Ele sorri para o mundo.

Beleza e amor são o auge da consciência. Todos temos o potencial para sermos as mãos de Deus, os olhos de Deus. A menos que você se transforme nisso, desperdiçou a razão de viver.

É belo dar quando solicitado; é mais belo, porém, dar sem ser solicitado, por haver apenas compreendido;

Por que humilhar uma pessoa e obrigá-la a pedir? É feio. Quando você perceber que existe uma carência e você pode atendê-la com a sua compreensão, faça isso.

Quando eu era universitário, costumava receber 200 rupias por mês, mas não sabia de quem. Tentei de todo jeito saber quem era o doador. Todo primeiro dia do mês, havia uma ordem de pagamento, mas sem nome nem endereço. Só quando a pessoa faleceu... E ele era simplesmente o fundador da universidade onde eu estudava.

Fui até a casa dele. Sua esposa me disse: "Estou preocupada, mas não com a morte do meu marido; todo mundo tem de morrer. Minha preocupação é de onde vou tirar 200 rupias para lhe enviar".

"Meu Deus, era o seu marido quem enviava o dinheiro? Jamais pedi nada, e não havia necessidade, porque tenho bolsa, incluindo pensão e alojamento, tudo gratuito."

A esposa disse: "Perguntei a ele várias vezes: 'Por que você continua enviando 200 rupias a ele?' E ele me disse: 'Ele precisa. Gosta de livros, mas não tem dinheiro. Tem mais necessidade de livros do que de comida'".

Era um homem incomum, porém. A vida toda ele doou tudo o que ganhava para a fundação da universidade de sua cidade.

A Índia tem quase mil universidades. Já estive em muitas. A universidade dele é pequena e fica num lugar pequeno, mas muito bonito, em uma colina rodeada de árvores imensas com um grande lago cheio de flores de lótus. O lago é tão vasto que não é possível enxergar a outra margem. Eu soube que ele tinha doado tudo à universidade. Ninguém tinha pedido, ninguém esperava uma grande universidade em um lugar tão pequeno.

Ele era um jurista mundialmente conhecido, com escritório em Londres, Nova Déli e Pequim. Estava sempre viajando.

Eu tinha perguntado a ele: "Por que escolheu esse lugar?"

"Andei por todo canto do mundo, mas nunca tinha encontrado uma colina tão linda, com árvores grandes e um lago tão bonito, cheio de lótus", ele respondeu.

O lago era forrado de folhas e flores de lótus, cujas pétalas conservavam o orvalho da noite, e pela manhã essas gotas brilhavam como diamantes, mostrando como esse lago era o lugar mais rico do mundo.

Ele me guiou pelo lugar e disse: "A questão não é a minha cidade, mas a beleza deste lugar".

Mas jamais imaginei que ele me enviaria 200 rupias por mês, incógnito, de forma que nunca pude agradecê-lo.

É belo dar quando solicitado; é mais belo, porém, dar sem ser solicitado, por haver apenas compreendido;

E para os generosos, procurar quem receberá é uma alegria maior ainda que a de dar.

O que podemos doar? Tudo é mundano.

Al-Mustafá está correto quando diz que o verdadeiro doador não está preocupado em alcançar alegria com a doação. A sua alegria está em procurar alguém que seja receptivo a essa doação, alguém aberto a ela, que não se sinta ofendido.

E existe alguma coisa que possais conservar?

Tudo que possuís será um dia dado.

Dai agora, portanto,

A morte vai levar tudo. Portanto, não se preocupe em doar. A vida lhe deu, a vida vai levar. Por que desperdiçar a oportunidade de sentir a alegria de doar? Por que desperdiçar a oportunidade de ser as mãos e os olhos de Deus?

para que a época da dádiva seja vossa e não de vossos herdeiros. [...]".

As pessoas acumulam para seus herdeiros. Isso é um erro, por dois motivos: primeiro, a pessoa desperdiça a oportunidade de doar; segundo, seja lá quem vier a herdar o seu dinheiro, está perdendo a oportunidade de ganhar por si mesmo. Assim, você destrói duas pessoas: você mesmo e seus filhos.

Capítulo 6

Trabalho
Como tornar visível o seu amor pela existência

E o que é trabalhar com amor?

É tecer o tecido com fios desfiados de vosso próprio coração, como se vosso bem-amado tivesse que usar esse tecido.

É construir uma casa com afeição, como se vosso bem-amado tivesse que habitar essa casa.

É semear as sementes com ternura e recolher a colheita com alegria, como se vosso bem-amado fosse comer-lhe os frutos.

É pôr em todas as coisas que fazeis um sopro de vossa alma,

E saber que todos os abençoados mortos vos rodeiam e vos observam.

Muitas vezes ouvi-vos dizer como se estivésseis falando em sonho:

'Aquele que trabalha no mármore e encontra na pedra a forma de sua alma é mais nobre do que aquele que lavra a terra.

E aquele que agarra o arco-íris e o estende na tela em formas humanas é superior àquele que confecciona sandálias para nossos pés'.

Porém eu vos digo, não em sono, mas no pleno despertar do meio--dia, que o vento não fala com maior doçura aos carvalhos gigantes do que à menor das folhas da relva;

E grande é somente aquele que transforma o ulular do vento numa canção tornada mais suave pelo seu próprio amor.

O trabalho é o amor feito visível.

E se não podeis trabalhar com amor, mas somente com desgosto, melhor seria que abandonásseis vosso trabalho e vos sentásseis à porta do templo a solicitar esmolas daqueles que trabalham com alegria.

Pois se cozerdes o pão com indiferença, cozereis um pão amargo, que satisfaz somente à metade da fome do homem.

E se espremerdes a uva de má vontade, vossa má vontade se destilará no vinho como veneno.

E ainda que canteis como os anjos, se não tiverdes amor ao canto, tapais o ouvido do homem às vozes do dia e às vozes da noite.

Al-Mustafá diz coisas extremamente bonitas, mas está faltando a mais importante. Essa é a tristeza do poeta: seu conhecimento é bastante profundo, mas nunca chega à essência. Só um místico consegue chegar à essência, portanto, embora todas essas afirmações sejam lindas, tenha em mente que falta alguma coisa. Quero que você tenha consciência do que está faltando.

Não sou poeta. Entendo a beleza da poesia porque sou um místico. Estou enraizado em minha própria essência, em meu ser. Adoraria compreender as afirmações de Al-Mustafá – talvez ajudem você a chegar à essência da qual ele mesmo não tem consciência.

O que estou dizendo de Al-Mustafá, estou na verdade dizendo de Khalil Gibran. Não conversei com ele. Durante muitos anos, pensei em dar sangue novo e vida nova a essas afirmações, mas, sempre que percebia a falta de alguma coisa, questionava se seria justo com você se eu simplesmente comentasse Khalil Gibran sem lhe contar que ele não era um homem iluminado. Estava bem próximo disso, mas até essa proximidade é distante e, a não ser que a pessoa se torne iluminada, essa distância permanece. Mas, finalmente, decidi que seria melhor dar voz por inteiro a Khalil Gibran e seu porta-voz, Al-Mustafá.

E o que é trabalhar com amor?

É tecer o tecido com fios desfiados de vosso próprio coração, como se vosso bem-amado tivesse que usar esse tecido.

Trata-se de uma atitude muito amorosa em relação ao trabalho, mas ainda não é um trabalho que surja do amor, porque o amado está dissociado dele. E o amado de hoje pode não ser o amado de amanhã. O amor que a humanidade conhece pode facilmente se transformar em ódio. O amor comum é uma espada de dois gumes. Quando você ama alguém – pode até ser Deus –, isso não significa que esse amor não possa se tornar ódio a qualquer momento.

Um homem me disse um dia: "Tenho muita fé em Deus".

Eu disse: "Já conheço você. Estava sempre reclamando de Deus, o que mudou?"

"Eu estava sempre reclamando porque eu não tinha um filho. Passei dez anos rezando, mas Deus não atendia às minhas preces. Parei de rezar, parei de ir ao templo. Sentia-me enganado, iludido. Tive certeza de que Deus não existia.

"Mas eu era impaciente. Ontem mesmo o filho nasceu. Como você conheceu os meus dez anos de tristeza, queria lhe contar logo que estou imensamente feliz. Deus existe. Embora demore em suas decisões por razões que desconhecemos, as preces sempre são ouvidas, se não hoje, amanhã."

Eu disse: "Você continua impaciente. A criança pode morrer. O que vai ser do seu amor, sua confiança e sua fé em Deus? Com a morte da criança, o seu Deus também morreria. Nasce com a criança e morre com ela. Você o odiaria mais que tudo. Antes, ele não estava ouvindo suas preces, mas agora teria levado o seu filho tão desejado".

"Não diga isso!", ele disse.

"Tenho que dizer isso para que você tenha consciência de que seu amor por Deus é sazonal. Como as flores sazonais, que dançam ao vento durante algumas semanas e logo somem. Esse seu amor não vem do âmago de seu ser. Não é uma experiência, é apenas um suborno."

Aliás, gostaria que você soubesse que é muito difícil varrer desta terra essa existência feia do suborno, pois ela vem usando o suborno há milhares de anos, mesmo com Deus.

As pessoas vão aos templos e dizem: "Se os nossos desejos forem satisfeitos, vamos lhe oferecer doces, frutas. Acreditamos no Senhor. A satisfação de nossos desejos é a única prova de que o Senhor existe".

É por isso que digo que Khalil Gibran ainda não é um místico. Primeiro, vamos ouvir o que Al-Mustafá está dizendo:

É tecer o tecido com fios desfiados de vosso próprio coração,

O coração é melhor do que a cabeça, mas você não é o coração, é algo ainda mais profundo: você é o ser, eterno ser. Assim que a sua cabeça morrer, o seu coração também vai parar de bater. Tanto sua cabeça quanto seu coração pertencem ao corpo e ao mundo.

Só você, na mais completa pureza de consciência, pertence ao eterno fluir da vida. Só você pertence à existência. Se estiver baseando suas crenças em alguns desejos satisfeitos, isso é melhor do que crer, porque certos argumentos convenceram você – mas ainda não é algo verdadeiro.

Você não deve ter motivo para amar; deve amar porque está transbordando de amor. Esse amor não deve ser dirigido ao amado. Você sabe, o amor continua, aumenta e diminui. O inimigo se torna amigo, o amigo se torna inimigo. Você não é livre, depende do objeto.

O seu amor é livre apenas quando ele não depende de nenhum objeto, mas simplesmente flui de seu ser, sem motivo. Por isso, não pode ser alterado. Será eterno. Se Deus existe ou não, não faz diferença, se existe um ser amado ou não, não faz diferença. Você vai continuar amando.

Não se trata de amar alguém, trata-se de ser você o amor. Isso não vem do coração, vem de uma fonte profunda, do âmago de seu ser, e banha tudo: o merecido, o desmerecido, o digno, o indigno. Sem discriminação.

Mas esse tipo de amor não surge porque você tem um amado; esse tipo de amor surge porque você chegou ao mais profundo de seu centro. Vem da meditação, esse é o ponto. Senão, é uma bela poesia cuja mensagem é significativa:

> É construir uma casa com afeição, como se vosso bem-amado tivesse que habitar essa casa.

Essa é a pobreza do poeta. De vez em quando, ele faz um esforço para alcançar as estrelas, mas ele sempre volta a cair no chão. Sua poesia é variada: às vezes voa até o céu, outras, arrasta-se pela terra. A menos que você faça meditação, não conseguirá distinguir isso, pois as palavras dele são sempre bonitas. Observe, ele está dizendo: *É construir uma casa com afeição...* mas onde você vai conseguir afeto?

E ele diz: *como se...* Lembre-se dessas duas palavras. *Como se.* É tudo imaginação: *como se vosso bem-amado tivesse que habitar essa casa.* Como se? Você está tentando criar uma alucinação.

Quando você vê um lindo pôr do sol, não diz: "É como se o pôr do sol fosse muito bonito". "Como se" indica sua dúvida, indica apenas uma inferência.

Pense no seguinte: você ama uma mulher ou um homem e diz: "É como se amasse você". Acha que assim vai convencer a mulher? Se ela for mesmo uma mulher e não uma senhora fictícia, vai reagir feio! Como se!

Mas a diferença é evidente: o místico fala com autoridade. O poeta, no máximo, só pode falar se baseando em "se" e "mas".

Há um livro importante de um filósofo muito famoso que se intitula *Como se.* O homem é honesto. Ele não diz: "Deus existe". Ele diz: "*Como se...* eu pensasse que Deus existe".

Preste atenção em expressões ruins do tipo "*como se*". Ou você ama ou não ama, não existe meio-termo.

É semear as sementes com ternura e recolher a colheita com alegria, como se vosso bem-amado fosse comer-lhe os frutos.

As palavras são bonitas, mas o conteúdo, a essência, a base, é instável. Ao usar *como se*, você tem um castelo de areia e não acredita na destruição do vento. Mas o vento não obedece a você.

O religioso nunca usa a expressão "*como se*". É o filósofo, o poeta, é a pessoa cega quem pensa: "Como se houvesse luz". Ele não viu a luz, só ouviu falar dela. Todo mundo está falando disso, talvez estejam certos. Mas não é a experiência direta deles, e, a menos que você tenha uma experiência direta e sua, ela não é libertadora. Ela vai criar uma amarra. Vai fazer de você um sonhador, mas os sonhos pedem sono e inconsciência.

É pôr em todas as coisas que fazeis um sopro de vossa alma,
E saber que todos os abençoados mortos vos rodeiam e vos observam.

Parece haver alguma verdade nisso, pelo menos nessa cidade de mortos. Mas não vou denominá-los de "*abençoados mortos*". Só a vida é abençoada. É pura afetação, maneirismo, chamar os mortos de "abençoados". O que você está fazendo aqui então? Por que não morre e fica abençoado? Em vida você é amaldiçoado e depois de morto vira "o abençoado".

Outro dia eu disse que este é um templo do deus vivo. Se você vem aqui, venha por inteiro e compartilhe da alegria das pessoas, das canções. Mesmo assim, eu vi uma senhora sentada – ou tiraram as cadeiras? –, uma dama … não vou chamá-la de mulher porque "mulher" é uma palavra respeitável; uma dama é subornada pelos machos chauvinistas para que se assemelhe aos mortos. Vi uma mulher que não participava das músicas e da alegria. Não vejo muita gente morta aqui, só essa pobre mulher que se mantinha apartada, com medo de ser alegre, com medo de se fundir com os demais em espírito.

Vou dar mais uma olhada quando estiver saindo para ver se o milagre ocorreu ou não. Antigamente, ele ocorria – Jesus chamou Lázaro e, depois de quatro dias morto, ele imediatamente ressuscitou. Essa senhora morta ainda tem duas horas para voltar a viver.

A palavra "dama" é muito feia, significa boa de cama, uma mulher que deve se deitar e fazer amor, semiviva – sem se mexer, sem demonstrar sua alegria, sem gritar. Trata-se de uma estratégia ardilosa dos homens porque sabem que a mulher tem orgasmos múltiplos. O homem só consegue ter um orgasmo; o amor dele se acaba em dois, três minutos. Nesse tempo, a mulher nem se esquentou ainda! O que dizer de *hot dogs*?

Ao longo de milhares de anos, a mulher tem sido explorada das maneiras mais ardilosas. Disseram a ela: "É elegante fazer-se de morta e sofrer toda a agonia". É por isso que todas as mulheres fecham os olhos quando você faz amor com elas. Não querem enxergar o que está acontecendo porque não são participantes. Do contrário, trata-se da mais linda dança do encontro, da fusão, dois amantes em um.

Não concordo com a afirmação: *E saber que todos os abençoados mortos vos rodeiam e vos observam.*

Mas ela está de acordo com o condicionamento cristão – Khalil Gibran se converteu ao cristianismo, seus ancestrais mudaram do islamismo para o cristianismo. Todas as religiões não originárias da Índia acreditam que você só tem uma vida, portanto, sente-se debaixo da árvore em meditação, abençoado, morto, ou fique de pé, faça como desejar, e zele pela eternidade até o último dia, o Dia do Juízo Final.

Sempre perguntavam a Jesus: "Quando vai chegar o Dia do Juízo?" Seus apóstolos eram ambiciosos, queriam chegar logo ao paraíso. E Jesus mentiu para eles, ou talvez ele mesmo tivesse essa ilusão.

Ele disse: "Logo. Vocês vão ver na sua vida as portas do paraíso se abrirem. Vou estar lá com Deus, meu pai, indicando quem me seguiu – esse vai poder entrar. E quem não me seguiu vai cair na eterna escuridão do inferno".

Essa curta declaração deixou Bertrand Russell, que era cristão, muito irritado e perturbado. Ele abandonou o cristianismo e escreveu o livro *Por que não sou cristão*. Entre todas as razões dele, a mais importante é: essa religião não tem senso de justiça.

Quantos pecados você consegue cometer em uma vida? Se você comete pecados sem parar – sem comer, sem beber, sem dormir, durante setenta anos a fio –, nem assim consegue cometer pecados o suficiente para merecer o fogo eterno do inferno. Eterno! Alguma justiça tem de haver.

O próprio Bertrand Russell disse: "Fiz muitas coisas que os cristãos considerariam pecado e sonhei com muitas coisas que também seriam condenáveis. Mesmo que juntasse minhas ações e meus sonhos, o juiz mais rígido não conseguiria me mandar para a prisão por mais de quatro ou cinco anos".

A condenação eterna ao fogo do inferno, sem saída, sem escapatória, é simplesmente idiotice, insensatez, um absurdo. Mas um homem como Khalil Gibran ainda sofre com essa ideia.

[Na plateia, um homem se levanta e deixa o salão.]

Vejam esse homem… Aonde você vai? Se está indo embora, por que veio? Essas são as pessoas mortas. Vejam a cara dele, e a da mulher que mencionei – não deviam ter permissão de entrar aqui. Isto aqui é uma congregação, não um cinema!

Nesse sentido, todas as religiões originárias da Índia são mais sensatas. Não acreditam em uma vida, mas na reencarnação. Você continua renascendo sem parar. A sua vida tem a eternidade inteira, sem começo nem fim.

Desde cedo estou observando, e não vejo nenhuma alma morta observando das árvores. Apenas algumas almas mortas vêm por curiosidade, talvez sejam policiais à paisana. Não vou permitir ninguém aqui por curiosidade, para observar, ou como detetive, como informante. Vocês todos devem prestar atenção nisso. Sempre que virem alguém que não esteja participando, essa pessoa não deve mais entrar neste templo sagrado.

Muitas vezes ouvi-vos dizer como se estivésseis falando em sonho:

Esse "como se" continua, porém. Ele não tem certeza do que está dizendo. Está apenas supondo, como se falasse durante o sono:

'Aquele que trabalha no mármore e encontra na pedra a forma de sua alma é mais nobre do que aquele que lavra a terra.

Pintores, poetas, escultores, dançarinos têm recebido o prêmio Nobel. Você já soube de algum jardineiro, que cria vida, embeleza a vida, que tenha recebido o prêmio Nobel? Um agricultor, que ara o campo e proporciona alimento para todos – alguma vez recebeu prêmio? Não, vivem e morrem como se jamais tivessem existido.

Essa é uma discriminação horrível. Cada ser criativo, independentemente do que crie, deveria ser respeitado e honrado, de modo que a criatividade fosse honrada. Mas até políticos recebem prêmios Nobel, gente que não passa de criminosos espertos. Todo derramamento de sangue no mundo só aconteceu por causa dos políticos e eles não param de construir cada vez mais armas nucleares para um suicídio global.

Em uma sociedade humana sincera, a criatividade será honrada, respeitada, porque a alma criativa participa do trabalho da existência.

E aquele que agarra o arco-íris e o estende na tela em formas humanas é superior àquele que confecciona sandálias para nossos pés'.

Nosso senso estético não é muito grande.

Recordo-me de Abraham Lincoln. Era filho de um sapateiro e tornou-se presidente dos Estados Unidos. Naturalmente, todos os aristocratas sentiram-se muito incomodados com isso. Não é coincidência que logo tenha sido assassinado. Eles não se conformavam com a ideia de que o país tivesse na presidência um filho de sapateiro.

No seu primeiro dia, quando ele se dirigia ao púlpito para fazer seu discurso inaugural no Senado, um aristocrata feioso levantou-se e disse: "Sr. Lincoln, embora o senhor tenha se tornado presidente deste país por algum acaso, não se esqueça de que costumava vir à minha casa com seu pai para consertar os sapatos de minha família. E há muitos senadores aqui que estão usando sapatos feitos pelo seu pai, portanto nunca se esqueça de suas origens".

Ele achava que ia humilhá-lo. Mas não é possível humilhar um homem como Abraham Lincoln. Apenas homens apequenados, que se sentem inferiores, podem ser humilhados. Os seres humanos mais extraordinários ficam acima da humilhação.

Abraham Lincoln disse algo que deveria ser sempre lembrado: "Fico muito agradecido ao senhor por ter mencionado meu pai pouco antes de eu fazer o meu primeiro discurso no Senado. Meu pai era muito bonito e um artista muito criativo. Nenhum outro homem fazia sapatos tão bonitos. Sei muito bem que jamais serei um presidente tão importante quanto ele foi como criador. Não consigo superá-lo.

"Aliás, gostaria de lembrar a todos os senhores aristocratas que, se os sapatos feitos por ele estiverem apertando seus pés, também aprendi essa arte com ele. Não sou um grande sapateiro, mas pelo menos consigo consertar os sapatos dos senhores. Basta me informar e irei à sua casa."

Um silêncio profundo pairou no Senado, e os senadores compreenderam que seria impossível humilhar esse homem.

Ele demonstrou um tremendo respeito pela criatividade. Não importa se você pinta, esculpe, faz sapatos, se é jardineiro, fazendeiro, pescador, carpinteiro... O que importa é: você está pondo a sua alma na sua criação? Assim, o que você criar vai ter algo de divino.

Com exceção da criatividade, não há nada divino.

> Porém eu vos digo, não em sono, mas no pleno despertar do meio-
> -dia, que o vento não fala com maior doçura aos carvalhos gigantes
> do que à menor das folhas da relva;

A existência trata todo mundo com igualdade. O sol não nasce apenas para os ricos, nem a noite de lua cheia é reservada a presidentes e primeiros-ministros do mundo. Quando o vento sopra e traz fragrâncias, ele não se importa se você é famoso ou um joão-ninguém.

A existência é comunismo puro, trata todos com igualdade. O santo e o pecador não são discriminados. A água não vai dizer ao pecador: "Você não pode saciar a sua sede porque é pecador. Estou aqui para os santos". Aprenda alguma coisa com a existência, porque ela é a única escritura sagrada. Não conheço nenhuma outra escritura que seja sagrada – mas a natureza é inocente, pura, sagrada.

Se nós tivéssemos ouvido a natureza, o homem teria feito parte dessa tremenda igualdade: respeito por todos, reverência pela vida. Mas o homem se esqueceu dos caminhos da natureza, ele se tornou absolutamente antinatural. Sua infelicidade é um subproduto dessa artificialidade humana.

E grande é somente aquele que transforma o ulular do vento numa canção tornada mais suave pelo seu próprio amor.

Porém, você não vai encontrar o nome dessas pessoas em seus livros de história, porque eles não foram assassinos em grande escala, como Alexandre, o Grande, que matava sem motivo, apenas pelo desejo absurdo de conquistar o mundo. Esses conquistadores não são criadores. São as pessoas mais destrutivas do mundo. O mundo está pressionando Ronald Reagan para que pare de produzir armas nucleares, mas ele parece completamente louco. Não escuta ninguém. E esses políticos norte-americanos estão sempre condenando a União Soviética. Mas a União Soviética, diante da atitude teimosa de Ronald Reagan, parou de produzir armas nucleares há dez meses. É preciso coragem para tal.[*]

Ronald Reagan e seus companheiros são um bando de covardes. Quando a União Soviética estava produzindo armas nucleares, havia uma razão para tudo isso, mas agora! "Não fique para trás." Os soviéticos fizeram de tudo para convencê-los: "Estamos prontos a diminuir as nossas armas nucleares, e vocês devem começar a reduzi-las na mesma proporção". Percebendo que não havia nenhuma possibilidade de um extremista religioso e político como Ronald Reagan fazer isso, eles pararam por iniciativa própria. Com isso, o prestígio deles cresceu mundo afora.

Ronald Reagan já é uma alma vencida. Sua covardia já ficou demonstrada, e toda a propaganda contra a União Soviética não passou de mentiras.

Você vai se surpreender ao saber que fui expulso dos Estados Unidos ·sem nenhum motivo, e que a União Soviética me

---

[*] Osho ministrou as palestras em que este livro é baseado nos anos da Guerra Fria, período em que Ronald Reagan era presidente dos Estados Unidos.

convidou para sua feira internacional de livros e me disse que, caso eu não pudesse ir, mandasse alguém com minha literatura: "Queremos que a União Soviética conheça toda a boa literatura do mundo".

Nos Estados Unidos, eram vendidos quase 1 milhão de dólares em livros meus todos os anos. Mas, de repente, nenhuma livraria nem rede de livrarias – que sempre diziam que o "seu estoque não é suficiente para a demanda" – quer meus livros em suas prateleiras. Qual é o país fascista afinal? Os Estados Unidos se transformaram em um país mais fascista que a União Soviética ou a Alemanha jamais foram.

E Ronald Reagan é uma pessoa muito religiosa, é um fundamentalista cristão. Que tipo de religiosidade é essa? Ele está enganando esse lindo povo americano e está tentando destruir o mundo todo. Nunca antes o mundo viu um criminoso tão ruim no poder. Adolf Hitler ficou para trás. Mas estes nomes fizeram história: Gengis Khan, Tamerlão, Nader Xá. Eles apenas causaram destruição.

Recordo-me de Nader Xá – ele invadiu a Índia, e toda noite queria mulheres bonitas e vinho. Passava o dia matando gente, e à noite celebrava.

Uma noite, seus soldados lhe trouxeram uma prostituta muito bonita. Ela dançava, e Nader Xá estava muito feliz. No meio da noite, ele disse: "Estou cansado, e amanhã de manhã vamos invadir outro país. Pare de dançar".

Mas a frágil, jovem e bela mulher disse: "Vou ter que atravessar a floresta na escuridão para chegar à minha aldeia. Pelo menos deixe que eu passe a noite aqui. Pela manhã, à luz do dia, vou embora".

Ele respondeu: "Não se preocupe. Você não é convidada de uma pessoa qualquer, mas de Nader Xá. Vou iluminar já todo o seu caminho!" E ordenou que seus soldados incendiassem todas as aldeias e todas as árvores ao longo do caminho dela. Vinte aldeias cheias de gente dormindo e toda a floresta foram incendiadas, criando a manhã em plena escuridão noturna, apenas para que a prostituta pudesse ir embora, pois ela não era convidada de uma pessoa qualquer.

São esses os nomes que fazem história. Em seus livros de história, você jamais verá os humildes, silenciosos e pacíficos.

Mas Khalil Gibran estava certo: *E grande é somente aquele que transforma o ulular do vento numa canção tornada mais suave pelo seu próprio amor.*

Não há grandeza em nada, exceto no coração amoroso. E todos vocês têm um coração amoroso. Só precisam saber que ele precisa se abrir, tornando-se disponível para a existência – para a vida, as pessoas, as árvores, os oceanos, tudo que rodeia você.

O trabalho é o amor feito visível.

Sempre que você cria, está dando visibilidade ao seu amor pela existência. Mas os santos religiosos dizem que você deve renunciar ao mundo.

Na Índia, existem milhares de monges – do hinduísmo, do jainismo, do islamismo –, mas nenhum é criativo. Nem ao menos pintam ou escrevem poesia. Reprovam o trabalho. Porém, essas mesmas pessoas que reprovam a vida e sua criatividade são adoradas.

Sempre questionei as pessoas: "Aonde você está indo?" Na Índia, procurar um santo é denominado *seva* – serviço. Vão servir ao santo. O santo não trabalha, não cria, é inútil – um fardo desnecessário em um país pobre –, mas precisa de serviçais.

Conheci Magga Baba, um homem muito bonito. Ele estava muito cansado das pessoas que viviam para servi-lo, pois há um limite para tudo. Elas não o deixavam dormir! Sendo um homem simples e puro, não dizia nada se dez pessoas o estivessem massageando. "Deixe que façam..."

Mas uma noite ele sumiu. Costumava sumir, mas não por conta própria. Talvez tenha sido a única pessoa no mundo a ser sempre raptada, pois, quando um vilarejo já tinha prestado muitos serviços a ele, outro o raptava se tivesse oportunidade. Ele não dizia nada. Se dissessem: "Entre no riquixá", ele assim o faria.

Costumava ser encontrado em vilarejos diferentes e era trazido de volta. Mas um dia ele se cansou...

Naquela época, eu era estudante universitário, e de vez em quando o procurava, só para me sentar ao lado desse homem silencioso, pois ele não costumava falar com ninguém. Mas eu era agraciado com algum sussurro no ouvido, quando não havia mais ninguém por perto. E a última coisa que ele sussurrou nos meus ouvidos foi: "Lágrimas me vêm aos olhos, pois não o verei novamente".

"O que aconteceu? Vai ser raptado de novo?", perguntei.

Ele disse: "Não. Estou tão cansado dessas pessoas me servindo. Não consigo dormir, então vou sumir nas montanhas. E não vou voltar, pois a humanidade não é lugar para se viver em silêncio".

Ele era um ser iluminado. Mas não será citado em nenhum livro de história. A história tem obsessão pelos assassinos, pelos poderosos, pelas pessoas que criaram todos os aborrecimentos do mundo e que jamais foram de ajuda nenhuma, mas apenas uma praga.

Se uma nova humanidade surgir, a primeira coisa é fazer fogueiras com todos os livros de história. Livrar-se de Alexandre, o Grande, Napoleão Bonaparte, Ivan, o Terrível, Adolf Hitler, Josef Stalin, Benito Mussolini, Ronald Reagan. Não deixe que a mente de seus filhos seja envenenada por essa gente!

A história deveria observar os criadores, as pessoas que não são ninguém, mas que transformaram a própria insignificância em flautas de bambu. O ar passa pela flauta e se transforma em canção. São essas as pessoas que amam a existência, pois a embelezam.

Todas as religiões, no entanto, são contra a vida. Dizem: "Renuncie à vida", e vida inclui trabalho, amor, tudo. "Renuncie à vida porque essa renúncia será a entrada no paraíso depois da morte." Mas é sempre *depois* da morte.

Todos os religiosos e os políticos estão zangados comigo pela simples razão de eu estar dizendo às pessoas que a vida é *aqui e agora*, não depois da morte. Não espere. E há vida no amor, há vida na criatividade, na compreensão de seu íntimo. Pois só assim você pode se tornar uma fonte que está sempre transbordando de beleza, amor e alegria.

Quem liga para a vida depois da morte? A vida é *antes* da morte, e se você consegue viver completamente, não há morte. Essa é a experiência de todos que adentraram o silêncio. Eles testemunharam o grande milagre: que o essencial neles, a sua consciência, é eterno. A vida pode levar as roupas, o corpo, mas não pode destruir *você*. Apenas o criador – e o criador por amor – transcende a morte.

> O trabalho é o amor feito visível.
>
> E se não podeis trabalhar com amor, mas somente com desgosto, melhor seria que abandonásseis vosso trabalho e vos sentásseis à porta do templo a solicitar esmolas daqueles que trabalham com alegria.

Se você não consegue ser criador, se não consegue amar o trabalho, se não consegue amar a vida, então a única possibilidade para você é ser mendigo. O amante é um imperador, o criador é um imperador – sem invadir o mundo. Ele invadiu o universo todo por pureza, amor e criatividade. Mas, se você não consegue fazer isso, pelo menos coloque-se de mendigo junto de um templo.

Por que ele está sugerindo um templo? Porque se o templo for um templo vivo – ou seja, se o mestre ainda estiver vivo –, vai haver seguidores, amantes, criadores, e você constantemente verá que são seres humanos como você. Talvez comece a ter vergonha de ser mendigo. Talvez um dia desperte e entre no templo, não como mendigo, mas como alguém em busca da verdade, do amor, de aprender a criar.

> Pois se cozerdes o pão com indiferença, cozereis um pão amargo, que satisfaz somente à metade da fome do homem.
>
> E se espremerdes a uva de má vontade, vossa má vontade se destilará no vinho como veneno.
>
> E ainda que canteis como os anjos, se não tiverdes amor ao canto, tapais o ouvido do homem às vozes do dia e às vozes da noite".

A canção continua. Os pássaros cantam, as flores cantam. Se você os ouve ou não, é outra coisa. Acha que as flores não cantam? Devia achar que é surdo! Porque eu as ouvi cantar, dançar. Mesmo na escuridão da noite, o silêncio é uma canção. Se você não consegue fazer nada, pelo menos deixe que a existência adentre o seu ser. Ela vai transformá-lo.

Acho que a meditação é a ciência da transformação.

Sentar-se ouvindo os pássaros é preencher-se de criatividade eterna.

Estive neste jardim durante sete anos antes de ir para os Estados Unidos. A minha gente tinha cultivado plantas pequenas que depois viraram uma verdadeira floresta, tão bonita que não era preciso fazer nada, apenas sentar-se ali em silêncio sob a sombra das árvores e sentir o que elas sussurram umas com as outras. Há uma comunhão constante entre a terra e o céu.

Se você ouve esse sussurro, seu coração começa a dançar de alegria. Esse sussurro vai ser uma canção de vida, vai ajudá-lo a compreender o *Cântico dos cânticos.*[*]

É estranho o livro sagrado dos judeus... Eles não reconhecem o Novo Testamento como parte de suas escrituras sagradas; o Novo Testamento diz respeito a Jesus e seus ensinamentos. No Velho Testamento, a única parte com algum significado espiritual é o *Cântico dos cânticos*. Mas os judeus têm muito medo que as pessoas conheçam esses cantares. Eles não são discutidos nas sinagogas porque são uma canção de vida – não de renúncia, mas de regozijo. São uma canção de amor. É a única seção do Velho Testamento que é *realmente* religiosa. O Velho Testamento, sem o *Cântico dos cânticos*, não tem valor nenhum.

Porém, os rabinos, as sinagogas e os eruditos interessados no Velho Testamento de algum modo sentem-se envergonhados pelo *Cântico dos cânticos* – o que fazer com ele? No entanto, em todo o Velho Testamento, é o que há de mais belo, a essência da espiritualidade.

---

[*] O *Cântico dos cânticos*, ou *Cânticos de Salomão*, ou *Cantares*, é um dos livros poéticos da Bíblia. (N. da T.)

Capítulo 7

Liberdade
A essência íntima da liberdade

E um tribuno disse: "Fala-nos da Liberdade".

E ele respondeu:

"Às portas da cidade e em vossos lares, eu vos vi prosternar-vos e adorar vossa própria liberdade.

Como escravos que se humilham perante um tirano e glorificam-no embora ele os destrua.

Sim, na alameda do templo e à sombra da cidadela, tenho visto os mais livres entre vós carregar sua liberdade como um jugo e um grilhão.

E meu coração sangrou dentro de mim; pois só podereis libertar-vos quando até mesmo o desejo de procurar a liberdade se tornar um jugo para vós, e quando cessardes de falar da liberdade como de uma meta e de um fim.

Sereis, na verdade, livres, não quando vossos dias estiverem sem preocupação e vossas noites sem necessidades e sem aflição,

Mas, antes, quando essas coisas apertarem vossa vida e, entretanto, conseguirdes elevar-vos acima delas, desnudos e desatados.

E como vos elevareis acima de vossos dias e de vossas noites se não quebrardes as cadeias com que, na madrugada de vosso entendimento, prendestes vossa hora meridiana?

Na verdade, o que chamais liberdade é a mais forte destas cadeias, embora seus anéis cintilem ao sol e vos deslumbrem."

A verdadeira liberdade não tem nada a ver com o mundo exterior. A verdadeira liberdade não é política nem econômica, é espiritual. A liberdade política pode ser eliminada a qualquer momento; a liberdade econômica pode desaparecer como uma gota de orvalho sob o sol matinal. Elas não estão em suas mãos, portanto, não podem ser consideradas a verdadeira liberdade.

A verdadeira liberdade é sempre espiritual. Tem alguma relação com o que há de mais íntimo em você, algo que não pode ser acorrentado nem algemado nem aprisionado. Sim, o corpo pode sofrer com essas coisas, mas a alma é essencialmente livre. Não é preciso solicitá-la nem lutar por ela. Ela já existe, neste mesmo instante. Se você se volta para o seu íntimo, todas as correntes e prisões, todos os tipos de escravidão desaparecem – e eles são muitos. A liberdade é única, os aprisionamentos, muitos. Assim como a verdade é única e a mentira, milhares.

E um tribuno disse: "Fala-nos da Liberdade".

O tribuno só consegue articular palavras. Ele fala de liberdade, amor, beleza e bondade, mas sua oratória não passa de um treinamento mental. O tribuno não se preocupa com a realidade. Seu mundo são as palavras apenas, e elas são impotentes, não têm conteúdo – a arte do magistrado é manipular essas palavras vazias e impotentes de modo que as palavras prendam você.

É significativo que um magistrado tenha pedido a Al-Mustafá: *Fala-nos da Liberdade.*

Qual é de fato a essência da liberdade? Que você esteja livre do passado, que esteja livre do futuro. Sem lembranças que o prendam ao passado, puxando-o sempre para trás – isso vai na contramão da existência: nada anda para trás. A sua liberdade vem também da imaginação, do desejo, da vontade – isso empurra você para o futuro.

Nem o passado nem o futuro existem. Tudo o que você tem em mãos é o presente.

O homem que vive no presente, liberado do passado e do futuro, conhece o sabor da liberdade. Ele não tem amarras – amarras das lembranças, amarras do desejo. São essas as verdadeiras amarras que prendem a alma e nunca permitem que você viva o momento que é seu. No que me diz respeito, não acho possível que alguém tenha liberdade sem uma mente meditativa.

Na Índia, o que o Ocidente chama de paraíso nós chamamos de *moksha*. *Moksha* significa liberdade. Paraíso não significa liberdade. Paraíso vem de uma raiz persa, *phirdaus*, que significa "jardim murado". Não se esqueça desse jardim *murado*! Pode até ser um jardim, mas é uma prisão.

A história bíblica diz que Deus se irritou com Adão e Eva e os expulsou do Jardim do Éden. Para o quê? Onde? Em minha opinião, isso foi uma praga que escondia a maior liberdade, a grande bênção. Saíram da prisão, e esse foi então o início da humanidade. Então, o céu e a terra a eles pertenciam, e o que fazer com isso estava em suas mãos. Infelizmente, não conseguiram criar um mundo livre. Os países se transformaram em prisões muradas, nem mesmo chegam a ser um jardim murado.

Em uma pequena escola, o professor de religião falava com as crianças sobre a origem do mundo de acordo com a Bíblia. Um menino ergueu a mão, e o professor disse: "Qual é a sua pergunta?"

"A Bíblia diz: 'Deus dirigiu Adão e Eva'. Que modelo de carro ele usou?"

Deve ter sido o primeiro modelo de um Ford, o modelo T. E acho que o coitado de Deus deve estar até agora dirigindo esse modelo T da Ford, sem mecânico, porque nem ele nem seu filho, Jesus Cristo, nem o Espírito Santo são mecânicos!

O cristianismo acha que Deus puniu o homem. Para mim, Deus talvez tenha achado que os estava punindo, mas a realidade é que Deus ainda está preso em um jardim murado. Foi com uma bênção disfarçada que ele liberou o homem. A intenção dele não era boa, mas resultou na completa evolução do homem. Se a evolução não está sendo tão rápida quanto deveria, mais uma vez os sacerdotes de Deus, de todas as religiões, a estão impedindo.

Quando Galileu descobriu que não era o Sol que girava em torno da Terra, que isso era só aparência, mas não realidade – pois a realidade é justamente o oposto, a Terra é que gira em torno do Sol –, ele já estava velho. Quando escreveu um tratado explicando suas ponderações, indícios, provas, argumentos, tinha entre 70 e 75 anos, estava doente, acamado, quase morrendo. Mas o amor cristão é tal que o tiraram da cama e o levaram ao tribunal do papa.

O papa disse: "Você cometeu um crime muito grave, pois a Bíblia diz, e todo mundo sabe, que o Sol gira em torno da Terra. Ou você muda de opinião ou a penalidade será a sua morte".

Galileu deve ter sido um homem com muito senso de humor, mesmo idoso, doente e à beira da morte. Disse: "Santidade, sem problema. Posso escrever o que está dizendo. Mas há uma coisa que quero deixar clara: o meu texto não vai ser lido nem pelo Sol nem pela Terra. Eles vão continuar como sempre. A Terra vai continuar girando em torno do Sol. O senhor pode queimar o meu livro ou eu posso mudar o parágrafo".

O papa ordenou: "Altere o parágrafo".

Ele alterou o parágrafo, escrevendo: "De acordo com a Bíblia e o papa e também com a humanidade toda, parece que o Sol gira em torno da Terra". No rodapé, escreveu: "A verdade é o oposto disso. Não posso evitá-la, não consigo convencer a Terra a seguir a Bíblia, nem convencer o Sol a seguir a Bíblia. Eles não são cristãos". Essa nota de rodapé só foi descoberta depois de sua morte, caso contrário ele teria sido crucificado pelos cristãos, que continuam fazendo muito alarde sobre a crucificação de Cristo.

Conversando com Stanley Jones, um dos mais importantes missionários cristãos, perguntei a ele: "O que acha disso? Por que o papa insistiu nisso? Se a ciência tinha feito essa descoberta, a Bíblia deveria ter sido corrigida".

Stanley Jones me disse: "Isso teria grandes implicações. Se uma afirmação da Bíblia estiver errada, então como garantir que outras não estejam erradas também?"

A Bíblia é um livro sagrado, veio diretamente de Deus, nada pode ser alterado nela, nem editado nem acrescentado. Mas nos últimos trezentos anos o homem descobriu muita coisa contrária à Bíblia.

Na verdade, à medida que cresce sua consciência, você vai descobrindo que tudo o que foi escrito há 2 mil ou 5 mil anos precisa ser aprimorado continuamente. É preciso produzir novas edições. Mas falta coragem às religiões – coragem para estar ao lado da verdade. E isso não ocorre apenas com os cristãos, mas também com os hindus, os muçulmanos, os judeus, os budistas, os jainistas. Não há diferença na mentalidade deles.

Um homem livre está livre do passado. O homem livre está também livre do futuro, pois ninguém sabe o que vai acontecer no momento seguinte. Como continuar desejando?

Um velho estava morrendo. Era judeu e seus quatro filhos, que moravam em casas diferentes, eram extremamente ricos. Sabendo que o pai estava à morte, prontamente acorreram.

O pai deles estava prestes a dar o último suspiro quando os filhos, sentados ao seu lado, começaram a conversar sobre como levar o corpo até o cemitério. A preocupação deles não era o pai – mais uns minutos e ele teria ido de vez, não haveria outra possibilidade de eles se reencontrarem de novo. Mas a preocupação era: "Quando ele morrer, como vamos transportar o corpo dele?"

O mais novo sugeriu: "Ele sempre quis um Rolls-Royce, tem dinheiro suficiente para isso, e nós também. Ele não precisa sofrer e reprimir um desejo tão puro. Então, deveríamos pelo menos providenciar um Rolls-Royce para levar o corpo dele até o cemitério. Em vida não deu, mas na morte ele vai ter o seu Rolls-Royce".

O segundo filho disse: "Você é muito jovem e não compreende os problemas relativos a dinheiro. Isso é desperdício puro, ele vai estar morto. Se o levamos em um Rolls-Royce ou em uma caminhonete, não vai mais ter importância para ele. Não vai saber de nada, então por que desperdiçar dinheiro?" O outro nem estava falando de muito dinheiro, pois alugariam um Rolls-Royce. Não se tratava de comprar um. Esse filho continuou: "Sugiro que uma simples caminhonete vai ser tão eficiente quanto qualquer Rolls-Royce – não faz diferença nenhuma para quem está morto".

O terceiro filho disse: "Você também ainda é imaturo. Por que se preocupar com caminhonete, se o serviço da prefeitura faz isso de graça para qualquer mendigo? Basta colocá-lo na rua! De manhã, o caminhão de lixo da prefeitura, cheio de lixo, vai levá-lo de graça. Vamos dar a ele uma carona gratuita! Que importância tem para um homem morto se ele vai no caminhão de lixo, na caminhonete ou no Rolls-Royce alugado?"

Naquele instante, o velho abriu os olhos e perguntou: "Onde estão meus sapatos?" Os filhos ficaram perplexos: "O que o senhor vai fazer de sapatos? Por que desperdiçar um par de sapatos? O senhor vai morrer de qualquer jeito".

O velho respondeu: "Ainda estou vivo e talvez ainda tenha fôlego. Tragam meus sapatos, vou caminhar até o cemitério. É a forma mais barata e sensata. Vocês são extravagantes e perdulários".

As pessoas têm dinheiro, e o dinheiro vira um cativeiro. As pessoas têm prestígio, e o prestígio vira um cativeiro. Parece que todo o passado da humanidade consistiu no aprimoramento das correntes, mas, mesmo que a corrente seja de ouro, continua sendo uma corrente. A liberdade externa não passa da constante enganação dos políticos.

A liberdade é um assunto do indivíduo. É inteiramente subjetiva.

Se você se livrou de todo o lixo do passado e de todos os desejos e ambições em relação ao futuro, neste exato momento está livre, como um pássaro voando tendo o céu todo para si. Talvez nem o céu seja o limite.

Por que é o tribuno, e não um escravo, a perguntar? Teria sido muito mais relevante se um escravo tivesse pedido: *Fala-nos da Liberdade*. O tribuno está perguntando sobre a liberdade para que possa começar a falar de liberdade de modo mais eficiente e articulado.

Ele não está interessado em ser livre. Seu interesse é se tornar um grande tribuno que fala *sobre* liberdade, pois as pessoas estão todas presas às mais variadas correntes, escravizadas por religiões, políticos, pais, sociedade. O tribuno quer apenas embelezar o seu discurso. Não fez uma pergunta autêntica. Mas a resposta é muito mais autêntica. Al-Mustafá respondeu:

> Às portas da cidade e em vossos lares, eu vos vi prosternar-vos e adorar vossa própria liberdade.

O que você faz quando vai a um templo hindu, ou a uma mesquita muçulmana, ou a uma igreja cristã, ou a uma sinagoga? Adora coisas que você mesmo criou. Isso demonstra a mais completa idiotice humana: primeiro, você faz uma estátua de Deus e depois prostra-se diante dela. Essa é sua religião. Por que não começa a tocar os próprios pés? É a mesma coisa.

Os muçulmanos passam por dificuldades porque há catorze séculos Maomé descobriu que os povos da Arábia estavam adorando 365 estátuas. A caaba era o templo, e a cada dia uma estátua diferente era adorada. Até o iletrado Maomé percebeu a insensatez disso – fazer estátuas e depois adorá-las –, então ele destruiu todas elas.

Não defendo a atitude dele. Ao contrário... Tudo começou de novo. Ele mesmo recomeçou, porque descobriu que o homem gosta tanto do próprio sofrimento que não concebe a ideia de liberdade, pois ser livre significa estar livre do sofrimento.

A mesma caaba onde antes havia 365 estátuas também tinha uma enorme pedra quadrada. Não era uma pedra comum, era um asteroide. A gente sempre vê estrelas cadentes, mas elas não caem, o que é muito generoso da parte delas, pois são tão grandes que destruiriam a Terra. O que vemos e chamamos de estrela cadente não passa de pedras pequenas.

Quando a Lua se separou da Terra, a Terra não era muito sólida. Continua não sendo. Quando se examina lá dentro... é lava fervente. De vez em quando, um vulcão entra em erupção, mas a crosta superior já ficou sólida. No início não era sólida, e quando essa Terra líquida se movia em torno do seu próprio eixo...

Leva 24 horas para que ela gire em torno do próprio eixo. Ao mesmo tempo, ela gira em torno do Sol – isso leva 365 dias. Durante esse duplo movimento, partes líquidas da crosta iam caindo aqui e ali. É onde você encontra hoje os oceanos; foi nesses lugares que grandes pedaços da Terra caíram. Reunidos, viraram a Lua.

Essa lua continua a girar em torno da Terra, mas nenhuma escritura religiosa do mundo tem noção disso. Às vezes, como existem 3 mil pedras caindo a cada 24 horas na Terra... De dia a gente não vê isso porque o Sol brilha forte, mas à noite é possível vê-las. Uma pedra vindo na direção da Terra, atraída pela gravidade, com tal velocidade que o atrito a faz queimar, por isso enxergamos uma luz e pensamos que é uma estrela.

Mas às vezes essas pedras enormes caem mesmo, e a caaba é uma dessas pedras. Como ela caiu do céu, as pessoas que adoravam as

365 estátuas acharam que era um presente divino e a colocaram no meio do templo. O templo era imenso – claro, afinal, acomodava 365 hóspedes. Era um hotel cinco estrelas! Foi apenas coincidência que a pedra da caaba tenha caído ali. Maomé destruiu todas as estátuas, mas não conseguiu acabar com a lembrança dos homens, não conseguiu destruir sua imaginação. Não encontrando as estátuas, eles começaram a adorar aquela enorme pedra.

Parece que o homem tem medo de ser livre. Ele precisa de algum tipo de pai lá no céu, pelo menos para reclamações e orações. Precisa de um Deus no céu para tomar conta dele. Sem Deus no céu, ele se sente como uma criança perdida. É uma fixação psicológica na figura do pai.

Al-Mustafá está dizendo: "Já vi você prostrar-se em adoração. De certa maneira, você indiretamente adora a si mesmo". Seria mais simples ficar diante de um espelho, com as mãos em oração, repetindo uma reza qualquer – em hebraico, sânscrito, árabe, grego ou latim. Não use nenhuma linguagem conhecida, pois quando você conhece o idioma a sua reza fica muito comum. Quando você não conhece o idioma, é místico.

> Como escravos que se humilham perante um tirano e glorificam-no embora ele os destrua.

A sua adoração é a igual à desses escravos que enaltecem o tirano que reduziu a sua humanidade à escravidão e que pode matá-los a qualquer momento, pois o escravo é patrimônio, não gente.

> Sim, na alameda do templo e à sombra da cidadela, tenho visto os mais livres entre vós carregar sua liberdade como um jugo e um grilhão.

Milhares de anos de escravidão e você ficou com muito medo de ser livre, o que seria um direito inato e significaria a felicidade plena. Os assim chamados templos, sinagogas, mesquitas e igrejas não são símbolos de liberdade, são símbolos de sua escravidão, de seus tiranos mortos. Mas até pessoas inteligentes continuam a agir assim.

Por exemplo... Mahatma Gandhi sempre foi elogiado mundo afora. Talvez eu seja o único capaz de enxergar seu atraso: ele passou a vida pregando a não violência e ao mesmo tempo adorando o *Bhagavad Gita*, a Bíblia hindu, o único livro do mundo a ensinar a violência. Não consigo entender como ele não via contradição nisso.

No *Bhagavad Gita,* Krishna está sempre dizendo a Arjuna: "É da vontade de Deus que você entre em guerra e destrua seus inimigos". Mas como se tratava de uma discussão em família – Arjuna e Duryodhana eram primos-irmãos que lutavam entre si –, era uma briga muito estranha. Havia parentes dos dois lados. Era uma família só – até o avô tinha de tomar partido; também o mestre deles, que tinha ensinado a ambos a arte do arco e flecha, tinha que tomar partido.

Bhishma é conhecido como um dos homens mais importantes da Índia, porque foi celibatário a vida toda. E Dronacharya, o mestre dos arqueiros, adorava Arjuna, porque ele teria o direito de ser mestre dos arqueiros também. Mesmo assim, ambos, o sábio Bhishma e o grande arqueiro Dronacharya, preferiram ficar contra Arjuna e seus irmãos, porque eram apenas cinco irmãos, e do outro lado eram cem irmãos. Essa escolha de Dronacharya e Bhishma não demonstra sabedoria, mas apenas uma mentalidade empresarial. Os cem irmãos tinham mais força – é sempre bom ficar com o forte.

O país quase se dividiu em duas partes. Havia amigos de um lado e amigos do outro. Até Krishna teve dificuldades – era o guia espiritual da família toda. Assim, ele encontrou um jeito de fazer uma proposta a Arjuna e Duryodhana: "Um de vocês fica comigo e o outro, com meus exércitos. Podem escolher".

Naturalmente Duryodhana escolheu o grande exército dele, e Arjuna preferiu o próprio Krishna como seu cocheiro.

Chegou o dia do confronto. Os dois grupos, com milhões de pessoas, encaravam-se no campo de batalha. Que batalha estranha! Todos tinham algum tipo de parentesco uns com os outros. Vendo isso, Arjuna disse: "Acho que essa vitória não vale nada. Matar gente minha que está do outro lado – meu avô, meu mestre, amigos e parentes –, sendo que do meu lado estão meus amigos, também gente minha. Haverá mortos de ambos os lados.

"Mesmo que eu seja vitorioso e venha a ocupar um trono de ouro, serão milhões de cadáveres, e eu não me sentirei feliz. Sempre amei essa gente, sempre vivi por ela. Tudo por um reino e um trono de ouro...? Estou muito triste, enxergando a verdade diante dos meus olhos, quero renunciar ao mundo, me tornar *sannyasin* e ir para o Himalaia. Deixe que meus primos-irmãos governem, pelo menos ninguém será ferido.

"Como posso matar o meu próprio mestre, que está do outro lado? Como posso matar o meu próprio avô, que está do outro lado?" E Krishna continuou tentando convencê-lo: "A religião de um guerreiro é a guerra. Você está ficando fraco, frágil. Um guerreiro não precisa de coração".

Porém, nenhum argumento convencia Arjuna. Como último recurso, Krishna disse: "É da vontade de Deus que você participe da guerra". Se eu fosse Arjuna, não teria perdido muito tempo. Afinal, por que Deus falaria com Krishna e não diretamente com ele, Arjuna? "Se é da vontade dele, deveria falar direto comigo. Isso é ridículo. Vou receber *sannyas* e meditar nas montanhas."

Nós sempre aceitamos mediadores: Deus se comunica através do papa, Deus se comunica através de Jesus Cristo, Deus se comunica através de Krishna. Ele tem algum tipo de sistema postal, nunca fala diretamente.

Todo o livro do *Bhagavad Gita* é cheio de argumentos em favor da violência, até Deus defende a violência. Fiquei perplexo de ver Mahatma Gandhi, que pregava a não violência, sempre carregando um exemplar do *Bhagavad Gita*. Ele adorava o *Bhagavad Gita*; toda manhã no *ashram* dele recitavam uma parte do livro. E ele nunca se deu conta do fato de que esse é o único livro sagrado que ensina abertamente a violência e até mistura Deus nisso. A cegueira humana não tem limites.

Portanto, se durante anos você viveu preso, acorrentado, deve ter começado a acreditar nisso – "São enfeites apenas, essa é a vontade de Deus". Seus pais não são seus inimigos. Se levaram você à igreja ou a templos, fizeram isso porque amam você. Mas a verdade é que fizeram isso porque foram levados pelos pais também. Trata-se de um processo mecânico, semelhante ao de um robô. Lentamente, a escravidão toma conta de seu sangue, ossos e chega até a medula.

Então, se alguém fala contra Krishna, você já quer brigar. Falaram contra o seu Deus, e isso não passa de escravidão. Se alguém fala contra Jesus, você já se enfurece. Falaram contra o seu Deus! Mas a pessoa só estava falando contra suas correntes.

É por essa razão que fui censurado em todos os países do mundo, por todas as religiões – porque sou contra essa escravidão. Ela é educada, enfeitada, e todo mundo sempre viveu nela: os pais, os pais dos pais, uma longa linhagem de escravos. Como abrir mão desse legado? De herança, você recebe apenas escravidão. Pode até não levar isso a sério, mas é.

Ouvi dizer…

Três rabinos conversavam sobre sua sinagoga. O primeiro rabino disse: "Minha sinagoga é a mais desenvolvida porque nela as pessoas podem fumar, fofocar, conversar, enquanto faço a pregação. Dou total liberdade a elas".

Os outros dois rabinos riram. O segundo disse: "Você chama isso de desenvolvimento? Venha à minha sinagoga. Dou a eles liberdade para beber, e quando ficam bêbados gritam, brigam, mas continuo a fazer o meu sermão. Isso é liberdade".

Em uma sinagoga, mulheres e homens ficam separados, há uma cortina entre eles. Então o segundo rabino acrescentou: "Retiramos a cortina. Agora, homens e mulheres se sentam juntos. Se estão junto da esposa ou não, eu não interfiro. Até os namorados têm permissão para fazer gestos de carinho – beijos, abraços –, e o meu sermão continua. Entramos na era da liberdade".

O terceiro rabino disse: "Vocês dois são idiotas. Deveriam conhecer a minha sinagoga. Logo na entrada, coloquei um quadro avisando que nos feriados judaicos a sinagoga fica fechada. Isso é liberdade. Por que desperdiçar o tempo das pessoas? Pelo menos no feriado elas podem se divertir à vontade".

Mas nada disso é liberdade. Eles continuam sendo judeus. A menos que você abandone o seu judaísmo, hinduísmo, jainismo, islamismo, libertando-se completamente do passado, a menos que não seja mais dominado pelos mortos e não mais enfeitiçado pelo futuro imprevisível, você não é livre. A liberdade é aqui e agora – nada de ontem nem amanhã, mas, sim, este instante.

O homem de visão se desafoga. E todas as amarras que pesavam em seu coração desaparecem, embora ele estivesse acostumado a esse peso.

Estou lhe dizendo isso com muita autoridade, pois é a minha experiência. Assim que essas amarras desaparecem, você começa a ter asas para alcançar o céu. Então, o céu, cheio de estrelas, é todo seu.

> E meu coração sangrou dentro de mim; pois só podereis libertar-vos quando até mesmo o desejo de procurar a liberdade se tornar um jugo para vós,

Esta afirmação é muito profunda: o próprio desejo de liberdade pode também se transformar em grilhão. Todos os desejos amarram você; a liberdade não é exceção pela simples razão de que todos os desejos estão no futuro. O homem livre nem sabe nada sobre escravidão ou liberdade, ele usufrui de sua liberdade. Ela é uma característica própria de seu ser.

> E meu coração sangrou dentro de mim; pois só podereis libertar-vos quando até mesmo o desejo de procurar a liberdade se tornar um jugo para vós, e quando cessardes de falar da liberdade como de uma meta e de um fim.

Todas as metas estão vinculadas ao futuro, todos os desejos de realização futura não passam de disfarce para a sua infelicidade no presente. Os amanhãs ficam lhe fazendo promessas – só falta um dia, vai passar, amanhã serei livre. Mas o amanhã nunca chega, nunca chegou. Você jamais será livre. O amanhã é apenas um consolo. Em vez de lhe trazer liberdade, vai lhe trazer a morte. Então, todos os seus dias vividos terão sido de escravidão, pois você nunca se preocupou com o presente.

Digo que o presente é a única realidade que você tem. O futuro está em sua imaginação, o passado, em sua lembrança. Eles não existem. O que existe é o momento presente.

Estar completamente alerta no presente, reunir a consciência do passado e do futuro e se concentrar no presente significa conhecer o sabor da liberdade.

> Sereis, na verdade, livres, não quando vossos dias estiverem sem preocupação e vossas noites sem necessidades e sem aflição.

Parece que o homem caiu em uma grande armadilha. Não é livre nem como os pássaros no céu nem como os animais selvagens nas florestas. São muitos os grilhões à sua volta que ele aceitou. Na verdade, qual é sua preocupação agora? Qual é sua ansiedade agora? Qual é sua angústia agora?

No silêncio, você está absolutamente livre.

Quando seus dias forem livres de preocupação, suas noites não serão de tristeza, pois o dia vai se refletir na noite. Se durante todo o dia você se sente incomodado e preocupado, com aspirações, desejos e frustrações, as noites serão um pesadelo. Mas, se você estiver vivendo cada momento por inteiro, com intensidade, em plenitude, as noites vão ser calmas, tranquilas, relaxadas e de paz. Nem mesmo um sonho vai perturbá-lo, pois os sonhos têm origem na vida insatisfeita, na vida reprimida.

A psicologia ocidental perdeu inteiramente o foco, sobretudo a psicanálise. Ela fica analisando os sonhos sem se preocupar com a origem deles. A origem está em suas horas despertas, mas você está tão aprisionado em sua religião, moralidade, etiqueta, modos que não consegue viver. Todos esses momentos não vivenciados retornam durante o sono, pois tudo que não é vivido recai no inconsciente. Se você estiver vivendo por completo...

Freud teria se surpreendido se tivesse ido ao Oriente e visto os aborígenes que vivem nas florestas. Eu os visitei, e o mais surpreendente é que eles não têm sonhos. Conhecem a verdadeira profundidade e descontração da vida. Naturalmente, pela manhã estão mais ativos, rejuvenescidos e revigorados para enfrentar o dia e vivê-lo de novo, inteiramente. A situação do homem civilizado é o oposto disso. Ele não sonha só durante a noite. A qualquer momento, sentado em uma cadeira, ele relaxa, fecha os olhos, e os sonhos começam a flutuar em sua mente.

Você não está vivendo. Apenas deseja viver. Espera viver um dia, espera que esta noite não vá durar para sempre, que em algum momento chegue a aurora. Mas não há aurora para o escravo. Ele tem de viver no escuro, sem nem ter consciência de que existe algo como a luz.

Não tome a sua assim chamada vida como certa. Isso não é vida de jeito nenhum. Você precisa passar por uma revolução, e essa revolução não tem nada a ver com política nem com economia. Tem a ver com sua espiritualidade e sua consciência – quando a sua essência mais íntima estiver cheia de luz, a sua luz externa também começará a refleti-la.

> Sereis, na verdade, livres, não quando vossos dias estiverem sem preocupação e vossas noites sem necessidades e sem aflição.
>
> Mas, antes, quando essas coisas apertarem vossa vida e, entretanto, conseguirdes elevar-vos acima delas, desnudos e desatados.

Porque elas são antigas companheiras suas, e vão tentar sempre tirar-lhe a liberdade. Mas você deve sempre estar consciente a fim de transcendê-las. Você deve observar quando elas chegam e se despedir delas para sempre. Para mim, esse é o significado essencial de *sannyas*. Então, de repente, você se torna parte dessas lindas árvores, com lindas rosas, com grandes estrelas – são todas livres.

Não existe escravidão no mundo a não ser entre os homens. Sair disso não é difícil. A questão não é que a escravidão esteja apegada a você. A verdade é que você está apegado à sua escravidão.

Era uma vez... Eu estava perto de um grande rio, em plena enchente, e parecia haver um cobertor no meio da correnteza. Um pescador imediatamente mergulhou para pegar o cobertor e assim que o agarrou começou a gritar: "Socorro, me ajude!"

Estranhei e disse: "Não entendo. Se o cobertor está pesado demais, largue-o".

Ele disse: "Não é um cobertor, é um lobo. Eu vi suas costas e pensei que fosse um cobertor".

"Ora, me deixe em paz."

Mas o contexto da sua escravidão não é o do pescador; não é que a sua escravidão esteja grudada em você. O pescador estava em dificuldade porque o lobo ficou preso a ele.

As suas amarras são *sua* responsabilidade. Você as aceitou, elas aí estão. Em plena consciência, diga a elas: "Adeus, vocês estão há muito tempo comigo. Chega. Vamos nos separar". Basta consciência para que você tenha liberdade, mas existem alguns interesses ocultos em se agarrar a sua escravidão.

Quando eu era professor universitário, ficava quase vinte dias fora da cidade, rodando o país. Não é possível tanto tempo de ausência, apesar de eu completar os cursos com os estudantes ao longo de dez dias, todos os meses. Perguntava a eles: "Vocês têm alguma reclamação?"

Eles respondiam: "Ficamos agradecidos de perceber que dois anos são um desperdício em um curso desses. Bastariam seis meses". Mas o vice-reitor ficava incomodado porque ele nunca me encontrava na universidade.

Eu tinha um macete: havia lindas árvores na universidade, mas estranhamente todas tinham morrido. Apenas uma continuava verde e frondosa. Então, costumava estacionar o meu carro sob sua sombra. Todo mundo sabia que não devia parar o carro ali. Uma ou duas vezes alguém tinha tentado, mas eu havia chamado meus alunos para levarem o carro para um outro lugar qualquer, aquele local era reservado! Portanto, sempre que eu não estava na cidade, eu mandava o meu motorista lá com o meu carro, assim o vice-reitor, vendo o carro sob a árvore, ficava sossegado.

Um dia ele estava fazendo uma ronda pela universidade e descobriu que minha sala de aula estava vazia. Comentou com os alunos: "Ele deveria estar aqui, o carro dele está estacionado debaixo da árvore. Sempre tive essa suspeita, pois tenho visto suas palestras – às vezes em Calcutá, outras em Amritsar ou em Madras – e isso sempre me espantou, pois o carro não sai dali".

Eu tinha dito ao meu motorista: "Tranque o carro, aproveite uma ou duas horas no jardim e depois leve o carro para casa".

"Por que fazer isso?", ele tinha me perguntado.

"Não se preocupe, não é problema seu."

Um dia, quando eu voltava de Madras, o vice-reitor me chamou: "Parece que você é patrão de si mesmo. Não pede licença para se ausentar, não me informa de nada".

"Só preciso de uma folha de papel", retruquei, e pedi demissão.

Ele exclamou: "Mas o que significa isso?"

"Essa é a minha resposta. Os meus alunos estão tendo problemas por causa da minha ausência? Por acaso reclamaram que o curso não está completo? Não tem sentido nenhum desperdiçar dois anos da vida deles. A minha função é ministrar um curso completo. Não importa quantos dias isso leve."

À noite, ele me procurou em minha casa: "Não nos deixe".

"O que aconteceu já foi. Não posso mais voltar à sua universidade pela simples razão... Veja, queimei todos os meus diplomas, porque não quero pontes com o passado. Nunca mais vou precisar desses diplomas de novo. Agora sou um homem iletrado."

Ele afirmou: "Não vou contar a ninguém".

"Esse não é o problema. Eu realmente queria me demitir, estava apenas esperando. Tinha de partir de você, não de mim."

Al-Mustafá diz:

> Mas, antes, quando essas coisas apertarem vossa vida e, entretanto, conseguirdes elevar-vos acima delas, desnudos e desatados.

Meu pai se preocupou, meus amigos se preocuparam. Meus alunos vieram me dizer: "Por favor, volte atrás em sua demissão".

Eu disse: "Isso não é possível. Não tenho qualificações para ser professor nunca mais".

Meu pai me perguntou: "Apesar da demissão, por que você queimou todos os seus diplomas e certificados?"

Respondi: "Por que razão conservá-los? Conservá-los significa que, no fundo, o desejo ainda está ali: talvez você precise deles, agarre-se a eles. Agora estou totalmente livre de toda aquela formação, que não me deu nada. Não quero carregar essas mágoas comigo, pois não são diplomas".

Dois anos depois o vice-reitor me pediu: "Pelo menos de vez em quando venha à universidade". Eu fui. Em sua sala, ele me levou à janela de onde antes via o meu carro. "Aconteceu um fenômeno estranho. Só aquela árvore era verde. Agora, ela também morreu", comentou.

Expliquei: "A vida é misteriosa. Talvez a árvore tenha se apaixonado por mim, talvez estivesse vivendo só por minha causa, pois durante nove anos o meu carro ficava sempre embaixo dela, e eu era muito amigo dela. Não se tratava apenas de estacionar o carro, eu sempre agradeci à árvore. Às vezes meu motorista comentava: 'Você é muito maluco mesmo! Agradecendo à árvore?'

"Eu dizia: 'Essa árvore é tão adorável. Entre todas as árvores da alameda, ela é a mais bonita, um *gulmarg*, um *flamboyant* de flores vermelhas. Quando chega a primavera, são tantas as flores que mal se veem as folhas, ela fica toda vermelha'. As outras árvores da mesma espécie tinham morrido, mas ela permaneceu comigo, durante nove anos. Talvez mais alguém tenha estacionado o carro ali, mas não se preocupou em agradecer à árvore, não demonstrando nenhuma gratidão por ela."

Assim que você se livrar do passado e do futuro, sente-se junto de uma árvore e logo verá que ela responde. Claro, essa reação não será em palavras; talvez ela derrube flores em você, talvez dance com o vento. Se você estiver bem perto, encostado no tronco dela, vai começar a ter uma nova sensação como nunca teve antes. A árvore vai vibrar de amor por você.

Toda a nossa existência é plena de amor, plena de liberdade, exceto para o homem triste, e ninguém é responsável por isso a não ser você. Não se trata de ir largando aos poucos. Muita gente vem a mim e diz: "Compreendemos você; gradualmente, vamos largar isso". Mas não se deixa a escravidão gradualmente. Ou você compreende e se liberta ou não compreende e só faz de conta que compreende.

A liberdade não chega em fragmentos, nem a escravidão chega em fragmentos. Quando trazemos luz para um quarto escuro... Você nunca viu isso? Por acaso a escuridão se vai em fragmentos? Um pouquinho aqui, um pouquinho ali, saindo aos poucos, em fila? Ou a luz chega em fragmentos? Um pouquinho de luz e depois mais um pouquinho? Não. Assim que a luz entra, não há mais escuridão. A compreensão plena do que é liberdade – e você está livre. Não é uma questão de tempo nem de gradação.

E como vos elevareis acima de vossos dias e de vossas noites se não quebrardes as cadeias com que, na madrugada de vosso entendimento, prendestes vossa hora meridiana?

Não há outro caminho. Você começou a criar essas amarras ainda na infância, talvez em nome da obediência, em nome do amor pelos seus pais, em nome da confiança em seus guias religiosos, em nome do respeito pelos seus professores – em nome de coisas boas. Sempre lembre de tirar o rótulo e enxergar o conteúdo. Você irá se surpreender: a escravidão é vendida a todas as crianças com lindos nomes. Vai ser difícil se livrar dela se você não enxergar que rótulo ela vem recebendo.

Esse era um conflito permanente com o meu pai. Ele era um homem amável, muito compreensivo, mas mesmo assim dizia: "Você deve fazer isso". E a minha resposta sempre foi: "Você não pode me dizer 'você deve fazer', você só pode sugerir – 'se quiser, pode fazer, se não quiser, é livre'. A decisão tem de ser minha, não sua. Sou obediente diante da verdade, diante da liberdade. Consigo sacrificar tudo pela verdade, pela liberdade, pelo amor, mas não por nenhum tipo de escravidão. O seu 'deve' tem cheiro de escravidão".

Ele logo percebeu que eu não pertencia aos obedientes nem aos desobedientes. Eu não dizia: "Não vou fazer". Apenas dizia: "Retire o seu 'deve'. Dê espaço para que eu decida se vai ser sim ou não, e não se sinta ofendido se eu disser não.

"Trata-se da minha vida, eu tenho de vivê-la e tenho todo o direito de vivê-la do meu jeito. Você tem muito mais experiência, pode sugerir, pode aconselhar, mas eu não vou aceitar ordens de ninguém. Independentemente do custo, das consequências, não vou acatar ordens de ninguém."

Lentamente, ele abandonou seus "deve". Começou a dizer: "Temos esse problema. Se achar que pode me ajudar, me ajude. Se não, a decisão é sua".

"É assim que o amor verdadeiro deveria ser", eu dizia.

> Na verdade, o que chamais liberdade é a mais forte destas cadeias, embora seus anéis cintilem ao sol e vos deslumbrem.

O que você chama de liberdade? Principalmente a liberdade política, econômica, externa, que não está em suas mãos, que lhe foi dada. Ela pode ser retirada. Só aquilo que se desenvolveu com você não pode ser retirado. Por isso, diz Al-Mustafá:

> Na verdade, o que chamais liberdade é a mais forte destas cadeias, embora seus anéis cintilem ao sol e vos deslumbrem.

Aconteceu no Uruguai: o presidente tinha lido os meus livros, ouvido minhas gravações e estava muito contente por me dar as boas-vindas como estrangeiro residente no Uruguai. Todos os formulários estavam prontos para ser assinados. Ele tinha me dado um visto de um ano, de modo que todo o procedimento burocrático havia sido seguido e ninguém podia dizer que eu tinha sido favorecido. E ele acrescentou: "Depois eu gostaria de lhe oferecer um visto de três anos, que vai automaticamente lhe dar a cidadania uruguaia".

O Uruguai é um país pequeno, mas muito bonito. Perguntei a ele: "Por que está preocupado comigo? Os demais governos vêm dando ordens para que eu não entre em seus países. Mais que isso: que meu avião não pouse em seus aeroportos".

"Eles não o compreendem", ele disse.

No dia em que o presidente ia assinar a papelada, o embaixador norte-americano estava observando tudo, e os agentes da CIA e do FBI me seguiam sem parar. O avião deles ou estava à minha frente ou atrás de mim. Quando viram que ele ia me dar um visto de residência permanente, que seria automaticamente uma cidadania, eles de imediato informaram Ronald Reagan.

Ronald Reagan telefonou ao presidente do Uruguai: "Minha mensagem é bem curta: ou vocês deportam Osho em 36 horas ou vamos cancelar todos os empréstimos futuros que tinham sido acordados" – que chegavam a bilhões de dólares – "e vamos exigir o pagamento dos empréstimos já feitos anteriormente. Se não puderem pagar, então a taxa de juros vai dobrar. Vocês têm total liberdade para escolher".

Eu nunca tinha visto uma pessoa tão delicada. Com lágrimas nos olhos, ele disse: "Osho, estou completamente indefeso. A sua vinda ao Uruguai nos fez enxergar, pela primeira vez, que não somos livres. O nosso país é economicamente escravo. Nossa soberania, nossa liberdade são falsas. Não tenho alternativa.

"Perguntei a Ronald Reagan: 'Qual é a necessidade de deportar Osho? Basta pedir a ele que vá embora, pois com o visto de residência de um ano ele teria que cometer um crime hediondo, como assassinato, para ocorrer a deportação'. Mas Ronald Reagan insistiu: 'Eu já disse o que tinha que dizer. Ele deve ser deportado'."

A secretária do presidente veio ao meu encontro, apressada: "É melhor que o seu avião parta de um aeroporto pequeno e não do aeroporto internacional, porque o embaixador norte-americano está lá para ver se o senhor está sendo ou não deportado".

Tratava-se de uma exigência absolutamente ilegal, criminosa, sendo que eu não tinha saído do quarto durante todos os dias em que lá estive.

Perguntei: "Baseados em quê vocês podem me deportar?"

Ele disse: "Não é uma questão de exigência nem de nenhuma lei. Parece que para você não existe lei".

O presidente estava se sentindo tão culpado que providenciou o meu voo. Ele ia me dar a cidadania, mas agora estava me deportando sem motivo nenhum. Porém, aqueles agentes americanos carniceiros, ao ver que o meu avião tinha saído do aeroporto internacional... para onde eu poderia ter ido? Imediatamente foram ao aeroporto pequeno e forçaram o presidente a despachar toda a papelada necessária à deportação. Houve um atraso de duas horas. Os papéis chegaram, tiveram que ser preenchidos para mostrar que eu ia ser deportado; no meu passaporte, carimbo de deportação.

O meu passaporte é mesmo algo histórico. Pedi ao meu pessoal que o conservasse. O século XXI está chegando e foram exatamente 21 países que me deportaram, sem nenhum motivo.

O meu advogado acorreu, dizendo: "Isso é completamente ilegal, podemos brigar na justiça".

Eu disse: "Eu não vou brigar na justiça com um homem que tinha lágrimas nos olhos e se sentiu tão magoado, tão humilhado porque 'nós não podemos pagar as dívidas, não podemos arcar com a negação de futuros empréstimos'".

Impérios políticos têm desaparecido do mundo, não devido a conflitos pela liberdade, mas porque os imperialistas descobriram maneiras mais simples de manter as pessoas escravizadas, oferecendo a ideia superficial de que estão em um país em desenvolvimento, independente, livre.

Essas pessoas usam palavras bonitas – elas "ajudam". Inicialmente, apenas há uns três anos, os países pobres eram chamados de "subdesenvolvidos", mas essa palavra faz mal ao ego. Agora são chamados de "países em desenvolvimento", expressão que disfarça a ferida. São todos economicamente escravizados.

A vida humana é curta. Não a desperdice em nenhum outro tipo de liberdade. Seja determinado em relação a isso: você tem de ter a alma livre, pois essa é a única liberdade existente.

Capítulo 8

Razão e paixão
Sem conflito

E a sacerdotisa falou novamente e disse: "Fala-nos da Razão e da Paixao".

E ele respondeu, dizendo:

"Vossa alma é frequentemente um campo de batalha onde vossa razão e vosso juízo combatem contra vossa paixão e vosso apetite.

Pudesse eu ser o pacificador de vossa alma, transformando a discórdia e a rivalidade entre vossos elementos em união e melodia.

Mas como poderei fazê-lo, a menos que vós próprios sejais também pacificadores, mais ainda, enamorados de todos os vossos elementos?

Vossa razão e vossa paixão são o leme e as velas de vossa alma navegante.

Se vossas velas ou vosso leme se quebram, só podereis ficar derivando ou permanecer imóveis no meio do mar.

Pois a razão, reinando sozinha, restringe todo impulso; e a paixão, deixada a si, é um fogo que arde até sua própria destruição.

Portanto, que vossa alma eleve vossa razão à altura de vossa paixão, para que ela possa cantar;

E que dirija vossa paixão a passo com a razão, para que ela possa viver numa ressurreição cotidiana e, tal a fênix, renascer de suas próprias cinzas.

Gostaria de que tratásseis vosso juízo e vosso apetite como trataríeis dois hóspedes amados em vossa casa.

Certamente não honraríeis a um hóspede mais do que a outro; pois quem procura tratar melhor a um dos dois, perde o amor e a confiança de ambos.

Entre as colinas, quando vos sentardes à sombra fresca dos álamos brancos, partilhando da paz e da serenidade dos campos e dos prados distantes, então que vosso coração diga em silêncio: 'Deus repousa na Razão'.

E quando bramir a tempestade, e o vento poderoso sacudir a floresta, e o trovão e o relâmpago proclamarem a majestade do céu, então que vosso coração diga com temor e respeito: 'Deus age na Paixão'. E já que sois um sopro na esfera de Deus e uma folha na floresta de Deus, também devereis descansar na razão e agir na paixão."

A humanidade tem sofrido muito mais devido a vivermos divididos do que por qualquer outra razão.

O homem é um todo orgânico. Esta deve ser uma compreensão essencial: não há como separar qualquer uma de suas partes e ainda permanecer feliz. Todas as partes devem se juntar em um todo harmônico, exatamente como faz uma orquestra. São muitas pessoas tocando diferentes instrumentos e, se elas não soubessem como se mesclar e soar como um, em uma única música, não haveria música, mas apenas ruído, e isso não seria leve para a alma, mas, sim, uma perturbação.

Toda a história do homem é uma história de divisões. Descarte isso, descarte aquilo, e se agarre apenas a uma parte de seu ser. Assim, você estará sempre infeliz, pois a felicidade nasce quando todas as partes dançam juntas em harmonia profunda, sem nenhum conflito.

Por que o homem criou um estado mental esquizofrênico? Não foi à toa. É um recurso de quem quer dominar você, de quem quer explorar você, de quem quer que você permaneça escravo para sempre. O homem pleno não pode ser oprimido, nem explorado, nem reduzido a escravo. Existem pessoas cuja única ambição é o poder; o poder parece ser sua única razão de viver.

Friedrich Nietzsche morreu em um hospício. Infelizmente, enquanto os médicos o chamavam de louco, os padres o chamavam de louco, os próprios amigos e a família o chamavam de louco, ele estava escrevendo um grande livro, em um hospício. O título do livro é *A vontade de poder*.

Observando a grandeza desse livro, qualquer um percebe que todos que o enfiaram no hospício estavam simplesmente tentando se livrar de alguém cujas palavras eram uma flecha. Não foram capazes de aguentar a estatura desse ser. Queriam que fosse completamente esquecido e ignorado. Obviamente, ele não era louco, caso contrário o grande livro de sua vida não poderia ter sido escrito em um hospício. Ele não chegou a ver o livro publicado, foi uma edição póstuma.

Analisei todos os seus trabalhos. Parece que em *A vontade de poder* ele reuniu tudo o que andava disperso por muitos livros de sua autoria. As frases são tão prenhes de sentido que é impossível que um louco as tenha escrito. É tão lógico, tão profundo que, se você for capaz de lê-lo sem preconceito, vai se surpreender com o fato de um louco em um hospício ter escrito um dos melhores livros do mundo.

O único defeito de Nietzsche foi não ter obedecido às regras enferrujadas e ultrapassadas da sociedade. Seu crime foi simplesmente ter sido um indivíduo autêntico – e servos não conseguem suportar um homem que conheça e viva a liberdade. Suas atitudes e palavras partem da liberdade, mas os servos se sentem irritados, incomodados, pois nem conseguem entender o que ele está dizendo. Ele grita do alto de um monte para pessoas que se arrastam por vales sombrios de algo denominado conforto. Elas são a maioria, e esse homem as provoca em todos os pontos a que se agarram como se fossem sabedoria. Ele mostra que tudo não passa de burrice.

Khalil Gibran ficou extremamente impressionado com Friedrich Nietzsche. No livro *A vontade de poder*, Nietzsche mostrou a essência da humanidade: por que não há música, apenas infelicidade? A razão disso é que os sacerdotes de todas as religiões e os políticos de todas as ideologias desejam tanto o poder que não querem que a humanidade ouça um homem que fale de unidade, harmonia interna, indivisibilidade, uno e todo.

Sim, haverá mudanças, pois a sociedade dispôs das coisas do ser de tal forma que você está confuso: o servo virou senhor, o senhor está sendo tratado como servo. O coração não pode gritar, apenas sussurrar; quando a mente grita demais, o coração fica impossibilitado de enviar a mensagem dele a você.

Khalil Gibran faz essas afirmações muito importantes através da fala de Al-Mustafá, esse filósofo e poeta místico fictício. Sempre me perguntei por que ele preferiu falar indiretamente, e a minha sensação em relação a isso é clara: ele não quis sofrer a mesma sina de Friedrich Nietzsche – e ninguém leva poesia a sério. Friedrich Nietzsche escreveu em prosa, embora sua prosa seja tão bonita que pode ser chamada de poesia. Mas ele falava diretamente com a humanidade.

Al-Mustafá criou ficção. Khalil Gibran nunca foi tido como louco, nunca foi forçado a se internar em um hospício, pela simples razão de ser apenas um escritor de ficção, no máximo um autor de poemas. Ele se garantiu ao se esconder por trás de Al-Mustafá. Quero então lembrar você: sejam quais forem as palavras de Al-Mustafá, elas são palavras de Khalil Gibran.

> E a sacerdotisa falou novamente e disse: "Fala-nos da Razão e da Paixão".

… de mente e de coração, de lógica e de amor.

Ao longo de séculos o homem pensou em razão e paixão como sendo coisas opostas. Interessados disseram a ele que, se ouvisse ambas, ficaria louco – são contraditórias, você tem de optar.

Quem opta pela razão tem todas as oportunidades de ser poderoso no mundo, mas vazio no íntimo. As almas raras que optam pela paixão, amor, coração são incendiadas pela beleza, felicidade, fragrâncias, mas não têm nenhum poder exterior.

A sacerdotisa está fazendo uma pergunta fundamental:

"Fala-nos da Razão e da Paixão".

Como você aborda essas coisas? Ambas convivem com o homem e parecem ser, pelo menos superficialmente, contraditórias. É preciso fazer uma opção, caso contrário, é como montar dois cavalos, e o resultado final pode ser desastroso.

Ela não sabia que Khalil Gibran tem uma compreensão muito mais profunda do que a dos sacerdotes e sacerdotisas, dos políticos e das pessoas que têm poder, seja por dinheiro, seja por prestígio.

E ele respondeu, dizendo:
"Vossa alma é frequentemente um campo de batalha

... porque você nunca alcançou as raízes de seu ser.

A razão diz uma coisa, o coração deseja outra, e seja lá o que você escolher, você vai sofrer, vai continuar infeliz, pois metade de seu ser vai continuar faminto. Lentamente, a distância entre essas duas vontades fica muito grande, como se você tivesse sido cortado em duas partes por uma serra elétrica.

Essas pessoas divididas brigam consigo mesmas, são um campo de batalha. É essa exatamente a astúcia dessa estratégia. Se o homem é colocado em uma situação em que luta consigo mesmo, ele nunca tem energia nem tempo para se revoltar contra a servidão, a opressão, a exploração. Sua briga interna o deixa tão frágil que qualquer um consegue dominá-lo. Trata-se de um modo sutil de castração psicológica.

Um mecanismo muito esperto tornou o homem impotente. Se você está centrado e uno, tem integridade, individualidade e energia para lutar contra qualquer coisa que deseje destruir sua liberdade. E se toda a humanidade tivesse essa integridade, os ditadores desapareceriam. Políticos não teriam lugar em uma sociedade humana direita. Em uma sociedade culta, qual seria a necessidade de leis, de tribunais? Os juízes, os delegados de polícia perderiam o seu poder. Portanto, para não perderem poder, precisam que você se sinta dividido.

Nietzsche se expressou com franqueza e sofreu por causa disso. Nietzsche é um dos maiores sacrifícios que a humanidade fez por causa de pessoas com sede de poder. Mas elas não se preocupam com Khalil Gibran. Vão lê-lo como poeta, um belo entretenimento, nada mais.

> "Vossa alma é frequentemente um campo de batalha onde vossa razão e vosso juízo combatem contra vossa paixão e vosso apetite.
>
> Pudesse eu ser o pacificador de vossa alma, transformando a discórdia e a rivalidade entre vossos elementos em união e melodia.
>
> Mas como poderei fazê-lo, a menos que vós próprios sejais também pacificadores, mais ainda, enamorados de todos os vossos elementos?

Seja lá o que a existência lhe tenha dado, isso só pode ter um propósito. Você tem a razão: a razão tem olhos, capacidade de pensar, de encontrar a parte certa. Você tem o coração e todas as suas paixões, mas o coração sabe cantar, dançar, amar. O coração não consegue criar ciência e tecnologia e a razão não pode produzir amor, paz, silêncio – as qualidades que permitem transcender a humanidade comum.

O coração pode lhe dar asas para a transcendência e o voo do solitário para o solitário. O coração é a porta que se abre para a santidade. A razão é absolutamente incapaz disso. Ela pode gerar dinheiro, pode gerar milhares de outras coisas objetivas, mas ela não tem capacidade de adentrar o seu mundo interior.

Não há motivo para nenhum conflito. A razão funciona no mundo objetivo, e o coração funciona no mundo subjetivo. Se você for atento, meditativo, consegue equilibrar ambos com facilidade.

Dei ao seu coração o nome de Zorba, e ao voo de sua inteligência – que nada mais é que a energia refinada da razão – o nome de Buda. Até agora, Zorba e Buda andam brigando. Ambos são perdedores, porque Buda não propicia liberdade total a Zorba; nem Zorba permite que Buda tenha vida própria.

Sempre houve Zorbas no mundo, com seu sorriso e sua alegria, sem nenhuma profundidade, nem a profundidade da pele. E sempre houve Budas cuja alegria é profunda. Mas há sempre um incômodo da parte de Zorba porque Zorba não quer morrer de fome. Não há dificuldade em aproximá-los, em haver uma amizade entre eles e, por fim, uma profunda unidade.

Em uma história muito antiga, dois mendigos – um aleijado, que não andava, e um cego – competiam. Mendigar é um negócio em que há competição constante. Você imagina isso, mas pertence a um mendigo. Quando eu soube, fiquei surpreso. Como eu viajava muito, sempre passava pela estação de trem, onde um velho mendigo tinha se acostumado a receber 1 rupia toda vez que eu passava por lá – na verdade, ele já dava isso como certo.

No início, ele parecia grato. Quando lhe dei 1 rupia pela primeira vez, ele mal pôde acreditar – indianos não dão rupias a mendigos. Mas lentamente tudo vai ficando normal, deixa de ser uma questão de gratidão e vira rotina. Eu via nos olhos dele que, se não lhe desse 1 rupia, ele se zangaria, pois eu o privaria desse dinheiro.

Nunca o deixei sem o dinheiro, mas me surpreendi um dia ao ver um jovem no lugar dele que me disse: "Não se esqueça da rupia".

"Como você sabe da rupia?", perguntei.

"Você não sabe, mas me casei com a filha daquele velho mendigo", ele respondeu.

Ainda sem compreender, perguntei: "Mas onde está o velho?"

"Ele me deu de dote toda a área da estação, e me deu todos os nomes – o seu é o primeiro da lista. Você sempre lhe dava 1 rupia quando entrava ou saía da estação", ele disse.

"Que revelação! Mendigos têm território!" Eles são donos dele e até o transferem em forma de dote a seus genros. "Isso é ótimo! Onde está o velho?", perguntei.

"Ele encontrou outro lugar, perto do hospital, porque o mendigo de lá morreu. Ele parece velho, mas é um homem forte. Ninguém quer briga com ele." Os mendigos também têm conflitos pela posse de clientes.

Voltando à história dos mendigos... eles eram inimigos, mas um dia... Moravam na floresta, fora da cidade. No meio da noite, a floresta pegou fogo, e não havia ninguém para salvá-los. O aleijado sabia que o fogo estava cada vez mais perto, que todas as árvores estavam queimando, mas ele não podia andar. E o cego sentia o calor aumentando. Foi então que conversaram amistosamente pela primeira vez: "O que está acontecendo? Você tem olhos, pode enxergar". Chegaram a um acordo, esquecendo-se de todas as brigas do passado.

O cego disse ao aleijado: "Sente-se nos meus ombros, de modo a ficarmos como um homem. Tenho força suficiente para carregar você, você tem olhos para enxergar por onde ir para encontrarmos uma saída desse fogo imenso". Assim, ambos se salvaram.

A cidade inteira estava preocupada com os mendigos, mas ninguém tinha coragem suficiente para ir à floresta e descobrir onde estavam. Sabiam que um deles não andava. Sabiam que o outro não enxergava. Mas não imaginavam que poderiam virar um só. Quando os dois saíram vivos da floresta, as pessoas mal podiam acreditar no que viam. Que milagre!

Essa é uma história muito antiga. A Índia tem um dos livros de parábolas mais antigos do mundo, o *Panch Tantra*. Essa história fala de você. A casa está pegando fogo, a morte se aproxima, mas você ainda não é um indivíduo íntegro; você é um campo de batalha interior.

A razão consegue enxergar, mas só enxergar não ajuda muito. O coração pode sentir, mas só sentir não ajuda muito. Seria possível que enxergar e sentir não mais competissem, mas se unissem em uma aventura em favor do sentido da vida?

É disso que Khalil Gibran está falando: "Conheço a solução, mas, *a menos que você mesmo também seja um pacificador ou, mais ainda, um amante de todos os seus elementos*, esse milagre não é possível".

Consequentemente, venho anunciando o novo homem como Zorba, o Buda – um encontro do Oriente com o Ocidente, um encontro da ciência com a religião, um encontro da lógica com o amor, um encontro do exterior com o interior. Apenas nesses encontros você vai encontrar a paz, caso contrário, permanecerá como um campo de batalha. Se você é infeliz, lembre-se de que essa infelicidade é proveniente de uma batalha interna contínua.

Existiram grandes Zorbas no mundo. "Coma, beba e seja feliz" é sua filosofia básica. "Não existe vida depois da morte. Deus não passa de uma invenção de sacerdotes espertos. Não perca tempo com coisas desnecessárias, a vida é curta."

Na Índia, temos todo o sistema filosófico dos charvacas. Talvez um charvaca seja um Zorba mais articulado, e, se você tenta compreendê-lo, ele é muito convincente: "Não há provas, nenhum testemunho de nenhum Deus nem de vida após a morte. Não há indício nem prova de que você tenha uma alma imortal. Não seja presa das palavras que só foram criadas para gerar conflito em você, de modo que você se torne cristão, hinduísta, jainista, budista, muçulmano".

A Índia também conheceu grandes budas. Dizem que o mundo é uma ilusão; toda verdade é interior, e toda inverdade está no exterior. Então, não perca tempo com desejos, ambições, não passam da mesma matéria de que são feitos os sonhos. Aproveite o pouco tempo que tem nas mãos para se aprofundar ao máximo a fim de encontrar o templo de Deus – a santidade dentro de você.

Se você ouvir os Budas, eles parecem convincentes. Se você ouvir os Zorbas, eles parecem convincentes – e aí é que está o problema, pois você carrega os dois consigo.

Quero que você seja um pacificador, não um campo de batalha. Propicie uma grande amizade entre a razão e a paixão para que possa usufruir do que está disponível exteriormente – e há muito à disposição. Não é ilusório; as atitudes dos Budas provam isso. Eles precisam de comida – ela não cresce no interior. Eles precisam de água – têm de procurá-la e encontrá-la no exterior. Mesmo assim, continuam dizendo: "Todo o exterior é ilusório".

Os Zorbas, embora digam que estão apenas vivendo no exterior, não passam de insensatos, pois o exterior só pode existir se houver um interior. Os dois são inseparáveis. Você já viu alguma coisa que só tenha o lado de fora e não o de dentro? Já viu uma moeda que só tem um lado? Pode afiná-la quanto quiser, os dois lados permanecem.

O primeiro passo para compreender isso é: a abordagem mais significativa é relaxar e amar com o seu corpo, com o seu coração. Não gere conflitos, aproxime os dois, pois séculos os tornaram intransponíveis. À medida que se aproximam e se tornam um, você não será mais apenas um Zorba ou apenas um Buda, você será Zorba, o Buda. Será um homem completo. Essa sua totalidade é bonita, é feliz, é verdadeira.

Vossa razão e vossa paixão são o leme e as velas de vossa alma navegante.

Quando compreender essa unidade e não houver mais conflito, de repente, você enxergará a sua alma. Sem conflito em seu corpo, em sua razão, em seu coração, você terá tempo, silêncio e espaço para enxergar algo do além – a alma.

Basicamente, você é um triângulo: razão, coração, alma. Mas muito pouca gente alcançou a alma, pois o campo de batalha continua. Você não tem tempo para explorar – o Zorba continua puxando você para fora, e o Buda continua puxando você para dentro. Foi imposto a você um conflito estranho, imposto por aqueles que o querem ver frágil, sem alma, como máquinas e robôs.

Ele está dizendo: *Vossa razão e vossa paixão são o leme e as velas de vossa alma navegante. Se vossas velas ou vosso leme se quebram, só podereis ficar derivando* – à deriva, é assim que se encontra quase toda a humanidade – *ou permanecer imóveis no meio do mar.* Essa é a morte antes da morte.

Pois a razão, reinando sozinha, restringe todo impulso;

A razão tem limites. Não aceita o que não tem limite.

e a paixão, deixada a si, é um fogo que arde até sua própria destruição.

A paixão é seu fogo – o fogo da sua vida. Mas, abandonado, desatendido, ignorado, o fogo vai se destruir. O mesmo fogo pode ser usado pela razão para destruir os limites, para queimar o aprisionamento limitado, e então você teria todo o céu.

Portanto, que vossa alma eleve vossa razão à altura de vossa paixão,

A paixão não conhece limites. A sua energia é uma fonte inesgotável, pois essa energia é a energia de todo o universo.

que vossa alma eleve vossa razão à altura de vossa paixão, para que ela possa cantar;

Abençoado é o homem cuja razão começa a cantar e a dançar, pois a razão só conhece a curiosidade, a dúvida, o questionamento; não sabe nada de cantar, dançar, celebrar – isso pertence ao seu coração. Mas se sua alma, sua consciência, junta os dois, eles se tornarão parceiros de dança, parceiros de uma canção de sintonia tão profunda que toda a dualidade vai desaparecer.

Para mim, o fim da dualidade é o começo de uma vida nova sem conflito algum, sem campo de batalha algum. A sua vida começa a virar um Jardim do Éden. Toda a sua energia é suficiente para criar um paraíso em você.

Você sempre ouviu que se vivesse de acordo com certas condições, sendo cristão, hinduísta ou muçulmano, você alcançaria o paraíso. Mas eu lhe digo: você nunca vai entrar no paraíso. É o paraíso que entra em você assim que o campo de batalha desaparece e o seu coração e a sua razão dançam em sintonia. O paraíso está esperando o momento de chegar. Nessa alegria, silêncio e paz, o paraíso vem até você.

Não tem sentido essa concepção de você ir até o paraíso. Não existe paraíso fora de você, e não há inferno fora de você. Você está vivendo o inferno quando está em conflito, brigando consigo mesmo. E o paraíso está em você quando há silêncio absoluto, e uma canção se faz ouvir em seu ser pleno, de unidade orgânica.

E que dirija vossa paixão a passo com a razão, para que ela possa viver numa ressurreição cotidiana

Não se esqueça jamais do que diz Khalil Gibran, pois não são apenas palavras, são sementes que podem transformar você em um lindo jardim onde pássaros vão cantar, flores vão se abrir, e o paraíso está à espera desse momento para bater à sua porta: "Cheguei, você está pronto".

O que ele está dizendo é que, primeiro, a razão deve ser levada por você, sua consciência, à altura da paixão *que ela possa cantar*. Segundo, e mais importante:

E que dirija vossa paixão a passo com a razão,

... de modo que você não se perca em cegueira. Nas alturas, não enxergar é muito perigoso, por isso é melhor ficar no vale com as pessoas cegas. Mesmo que você caia, não vai morrer. Talvez sofra um arranhão, uma fratura, mas não a morte.

Deixe que a razão oriente sua paixão, deixe que ela seja os olhos do coração, só então você saberá por que os cristãos dizem que depois da crucificação houve ressurreição. Pode não acontecer, talvez não seja um fato histórico, mas é de muita profundidade psicológica e espiritual.

A paixão morre a cada instante, pois ela não sabe nada do passado nem do futuro; esses são acúmulos de razão. A paixão só conhece este momento – ela morre a cada instante e, se for orientada pelos olhos da razão, haverá uma ressurreição a todo instante. Ela vai morrer e renascer revigorada, renovada, melhor e mais refinada.

e, tal a fênix, renascer de suas próprias cinzas.

A fênix, esse pássaro mitológico, é na verdade uma forma de lhe dizer que você deve aprender a morrer e a renascer a todo instante. A sua vida deve ser morte e ressurreição contínuas a fim de que você permaneça novo até o último suspiro. Caso contrário, a poeira vai se acumulando e você morre trinta ou quarenta anos antes de que alguém compreenda que "essa pessoa morreu".

Os *hippies* costumavam dizer: "Não confie em ninguém com mais de 30 anos de idade", porque aos 30 ou perto dos 30 a pessoa morre, e depois vive até os 40, 50 anos, uma vida póstuma, pois a ressurreição jamais ocorre.

Mas os *hippies* foram apenas uma reação – é por isso que você não encontra nenhum *hippie* velho. Todos morreram aos 30 anos; agora estão em atividade, vivendo uma vida póstuma com muita eficiência. Esqueceram-se de tudo, tudo foi apenas um sonho que todo jovem tinha que viver. Riem dessa época, que não passa de uma lembrança vaga.

Andei procurando um *hippie* velho, mas não tive êxito nisso. *Hippies* velhos não existem, simplesmente porque não sabem que não se trata de reagir contra a sociedade, a questão é se transformar internamente, aprendendo a alquimia da paz na morte para permitir que a energia ressuscite, exatamente como a fênix renasce das próprias cinzas.

Essa é a metáfora mais poderosa e significativa. Nunca encontrei outra metáfora que fosse tão significativa e forte. Inclui toda a filosofia religiosa: morrendo e renascendo você sempre se renova, está sempre fluindo. Você não envelhece simplesmente, você cresce.

Envelhecer não é uma grande qualidade – todos os animais envelhecem, as árvores envelhecem. Apenas o homem tem o privilégio, a prerrogativa de poder crescer e permanecer novo e jovem, mesmo na velhice, assim como era quando não tinha nem 30 anos. Cheio de sonhos futuros, mesmo no leito de morte ele não se sente triste por deixar esta terra, ao contrário, fica extremamente entusiasmado diante da nova peregrinação que vai se iniciar, pois sabe que nenhuma morte é morte – toda morte é ressurreição também.

Isso se torna verdadeiro apenas quando a sua razão e a sua paixão estão juntas, quando o seu Zorba e seu Buda não brigam, mas se abraçam.

> Gostaria de que tratásseis vosso juízo e vosso apetite como trataríeis dois hóspedes amados em vossa casa.

Certamente não honraríeis a um hóspede mais do que a outro; pois quem procura tratar melhor a um dos dois, perde o amor e a confiança de ambos.

Ouvi falar de um homem que amava duas mulheres. Ambas queriam certezas, segurança: "Seja sincero e diga com qual vai se casar". Isso era difícil para o coitado, pois a mulher mais bonita era muito pobre, e a mulher mais simples era extremamente rica, e toda essa riqueza iria ser sua. Dá para você compreender o dilema dele.

Eles então foram velejar apenas para aproveitar o mar e o sol. De repente, a mulher rica lhe disse: "Pare o barco aqui em alto-mar. Não posso mais esperar. Você tem de tomar uma decisão. Diga quem você ama!"

Esse homem deve ter sido muito inteligente. Ele disse: "Que pergunta é essa? Eu amo cada uma mais do que a outra". E ambas ficaram muito satisfeitas.

Entre as colinas, quando vos sentardes à sombra fresca dos álamos brancos, partilhando da paz e da serenidade dos campos e dos prados distantes, então que vosso coração diga em silêncio: 'Deus repousa na Razão'.

E quando bramir a tempestade, e o vento poderoso sacudir a floresta, e o trovão e o relâmpago proclamarem a majestade do céu, então que vosso coração diga com temor e respeito: 'Deus age na Paixão'.

E já que sois um sopro na esfera de Deus e uma folha na floresta de Deus, também devereis descansar na razão e agir na paixão".

É dessa grande síntese que o homem necessita – e necessita imediatamente –, pois toda a humanidade passada não compreendeu essa síntese, essa sincronicidade. Mas eu desejo que o meu povo aprecie Deus em todas as situações – de dia, Deus é luz, e quando escurece, Deus é escuridão. Não crie conflitos.

Assim que você deixa de ser um campo de batalha, você se torna um templo – e não vai comprar uma estátua de Deus para consagrá-la no templo. Vivenciar a santidade sempre fez parte do ser de quem se transformou em um lugar sagrado, que se tornou sagrado.

Você tem todos os elementos necessários. Tem todas as possibilidades necessárias. Se desperdiçar isso, ninguém além de você é o responsável.

Deus está esperando à porta, mas você está tão confuso... quem gostaria de entrar? Mesmo que ele bata à sua porta, você não vai ouvi-lo. É tanta coisa acontecendo, tanta briga, que você não vai ouvir essa leve batida na porta. E sua porta não tem uma campainha forte, que Deus possa continuar apertando. Ele ainda faz uso desse modo antigo de bater na porta com a própria mão. Assim ele tem ideia do seu preparo ou não, se você está pronto para recebê-lo ou não: você já se tornou um anfitrião para que ele seja seu convidado?

Capítulo 9

Amizade
Da amizade ao afeto

E um adolescente disse: "Fala-nos da Amizade".
E ele respondeu, dizendo:
"Vosso amigo é a satisfação de vossas necessidades.
Ele é o campo que semeais com carinho e ceifais com agradecimento.
É vossa mesa e vossa lareira.
Pois ides a ele com vossa fome e o procurais em busca da paz.
Quando vosso amigo manifesta seu pensamento, não temeis o 'não'
de vossa própria opinião, nem prendeis o 'sim'.
E quando ele se cala, vosso coração continua a ouvir o seu coração.
Porque, na amizade, todos os desejos, ideais, esperanças, nascem e
são partilhados sem palavras, numa alegria silenciosa.

Quando vos separais de vosso amigo, não vos aflijais.
Pois o que vós amais nele pode tornar-se mais claro na sua ausência,
como para o alpinista a montanha parece mais clara vista da planície.
E que não haja outra finalidade na amizade a não ser o amadurecimento do espírito.
Pois o amor que procura outra coisa a não ser a revelação de seu
próprio mistério não é amor, mas uma rede armada, e somente o
inaproveitável é nela apanhado.

E que o melhor de vós próprios seja para vosso amigo.
Se ele deve conhecer o fluxo de vossa maré, que conheça também
o seu refluxo.

Pois, o que achais que seja vosso amigo para que o procureis somente a fim de matar o tempo?

Procurai-o sempre com horas para viver.

Pois o papel do amigo é o de encher vossa necessidade, e não vosso vazio.

E, na doçura da amizade, que haja risos e o partilhar dos prazeres.

Pois, no orvalho de pequenas coisas, o coração encontra sua manhã e se sente refrescado."

Meus olhos se enchem de lágrimas quando percebo que só de vez em quando Khalil Gibran é instrumento de santidade, de verdade – mas não sempre.

Adoraria que ele sempre estivesse no auge de uma consciência iluminada, mas ele desce até os vales sombrios. Embora sua lucidez permaneça igual, e sua poesia apresente a mesma beleza, a verdade se perde. Ele é tão lúcido que você não vai conseguir distinguir quando ele cai ou quando chega ao apogeu, a menos que você conheça a verdade.

Seu Zorba e seu Buda não andam juntos, ainda não são uma unidade orgânica. Então, quando Zorba fala, naturalmente a linguagem é a mesma de Buda, mas o significado não é de Buda. Ele parece ter uma personalidade dividida, e eu tenho pena de ver que um homem com tal genialidade não consiga virar um, permanecendo como dois, exatamente como qualquer homem comum.

Khalil Gibran não é iluminado, então, não consegue ter a visão do todo. Mas, como é muito inteligente, sempre que está decaindo, consegue disfarçar a queda com suas palavras. Adoro esse homem, pois é muito raro encontrar alguém igual, mas tenho pena dele também porque ele não conseguiu se integrar, cristalizar. Você não vai conseguir perceber quando ele está voando alto como uma águia ou quando está apenas andando na terra entre nós; não vai conseguir reconhecê-lo. Isso é muito triste.

Perdemos mais um Buda simplesmente porque ele foi elogiado mundo afora por quem não sabia nada de unidade orgânica. Ele próprio não percebia as contradições; nem você vai conseguir enxergar as contradições. Mas quero ser sincero e franco porque eu o amo e o amor é como o fogo, queima tudo o que é falso e preserva apenas o que é verdadeiro.

E um adolescente disse: "Fala-nos da Amizade".

A própria palavra "amizade" não tem muita estatura – a palavra "afeto" chega à lua, ao sol –, pois a palavra "amizade" é algo apenas racional. É também limitada: você só pode ter amizade com algumas pessoas. Mas afeto é amplo; você pode sentir afeto por árvores, montanhas, estrelas.

A amizade também esconde uma servidão. Palavras como "relacionamento", "amizade" são superficiais. "Amorosidade", "afeto" têm um significado completamente diferente. Quando você fala de amizade, isso é bem pequeno – um tipo de servidão e dependência da pessoa pela qual sente amizade.

Mas afeto é liberdade – você não depende de ninguém. A amizade é objetiva, o afeto é o amor compartilhado incondicionalmente com toda a existência. Essas palavras não têm o mesmo significado. A qualquer momento, a amizade pode virar do avesso; o tal do amigo pode virar seu inimigo. Mas o afeto não tem uma direção única. Não se dirige a ninguém, se dirige a toda a existência. Jamais se transformará no oposto disso.

Lembre-se: o que pode virar o oposto com muita facilidade – amigos que viram inimigos, inimigos que viram amigos – é algo muito superficial, um falso substituto. O afeto, porém, não se dirige a ninguém; é o amor que flui de você, incondicionalmente. Não existe a possibilidade de ele ficar amargo – você o domina. Você não tem domínio na amizade. A amizade é como um casamento, algo artificial, mas o afeto é próprio da sua natureza.

E um adolescente disse: "Fala-nos da Amizade".

E ele respondeu, dizendo:

"Vosso amigo é a satisfação de vossas necessidades.

Trata-se de uma afirmação ruim, mas é uma consequência lógica, pois ele não alterou a questão básica. Ele deveria ter dito ao jovem que a amizade é imprestável; o afeto é inestimável. *Vosso amigo é a satisfação de vossas necessidades*. Repito: é ruim, pois a amizade é exigente.

O afeto simplesmente oferece a sua fragrância a todos, sem exceção, e se satisfaz assim. Não é uma necessidade, é amor transbordando. Você pode ser afetuoso com as árvores, as estrelas, não há nenhuma exigência, nenhuma condição. Naturalmente as suas necessidades serão satisfeitas, mas não porque você exige isso. O afeto lhe trará tesouros imensos. Diferencie bem essas duas palavras.

A amizade é uma prisão. O afeto é liberdade absoluta: vem da abundância; não é uma necessidade. Claro, a existência compreende que a pessoa que doa sem exigir nada é um ser raro. A existência cuida de suas necessidades, mas elas não são exigências. Mesmo que ela não satisfaça suas necessidades, isso só mostra que, no fundo, você está inconscientemente apegado à ideia de amizade. Só tolos se deixam enganar apenas com a alteração de palavras.

A existência é muito abundante, mas não faça exigências.

Como Khalil Gibran continuou sendo cristão... Embora fosse um grande intelectual, ele não meditava. Repete Jesus Cristo com palavras diferentes. Jesus disse: "Peça e será atendido". Ele reduz você a um mendigo. Eu lhe digo: "Jamais peça e será atendido. Peça e jamais vai obter". O pedido em si já é ruim.

Jesus disse: "Busque e encontrará". Eu lhe digo: "Fique em silêncio, como se não fosse ninguém, e a existência vai jorrar sobre você de todas as direções" – pois o homem que procura ainda está procurando enfeites para seu ego, e a existência não compreende a linguagem do ego. Nenhuma árvore é egoísta, nenhuma montanha é egoísta, nenhum pássaro é egoísta, mas a existência continua a lhes oferecer tudo de que precisam ou até mais.

Jesus disse: "Bata e a porta se abrirá". São afirmações superficiais, pois sei que não há portas onde você possa bater. Deus está em todo lugar. Não bata – isso é violência. Espere.

Você vai amadurecer com essa espera. Vai se abrir, tornando-se capaz de receber. Deus é sempre um presente. Deus sempre chega para imperadores, não para mendigos. Você não precisa ir até Deus – e mesmo que deseje isso, onde vai encontrá-lo? Ele pode encontrar você, pois ele é o todo.

Não peça, nem procure, nem bata à porta – confie. Se você for digno, maduro, a primavera há de lhe trazer milhares de flores.

Vosso amigo é a satisfação de vossas necessidades. Essa afirmação é judaica, do tipo comercial. O amor é a canção de sua alma. A amizade é a fragrância desse amor, e o vento vai levá-la ao mar, às montanhas e até às estrelas mais longínquas.

Amar é não obter. Amar é doar – assim também é o afeto.

Ele é o campo que semeais com carinho e ceifais com agradecimento.

Parece bom. Khalil Gibran é genial ao encontrar palavras bonitas, mas não sabe de nada. Por trás dessas lindas palavras e dessa poesia, há escuridão, inconsciência. *Ele é o campo...* O amigo é seu campo? Você vai explorar o campo, semeando amor? Não importa: o seu amor não é para o amigo, é para a ceifar a colheita.

E ceifais com agradecimento. Você vai achar estranho que amigos sejam uma alma em dois corpos. Não se questiona o agradecimento, isso se percebe em silêncio. Não se trata do feio "obrigado", que não passa de formalidade. E *semeais com carinho...*

Você vai explorar o amigo. Como semear com carinho? O seu amor é uma fachada, um suborno, persuasão. Devido ao seu amor, o amigo será um campo para você. Mas seu interesse real é semear e colher, e seu agradecimento é vazio. Se o amigo não lhe der nada, esse agradecimento vai desaparecer.

Então, eu lhe digo: doe, compartilhe com amor, sem ter no coração um desejo qualquer de recompensa, assim o agradecimento terá uma nova dimensão. Você vai se sentir grato porque o amigo recebeu o seu carinho, as suas canções, a sua fartura.

Você deve se sentir grato não porque recebeu do amigo, mas por ele não o ter rejeitado. Ele tinha todo o direito de fazê-lo. Era humilde e compreensivo. Sinta-se grato, mas por um motivo bem diferente.

> É vossa mesa e vossa lareira.

Que bobagem ele está falando? Fico triste porque ele é um homem muito sensível. *É vossa mesa e vossa lareira* – seu amigo? *Você* deve ser mesa e lareira para seu amigo. Essa é a diferença entre amizade e afeto. Posso perdoar o jovem que fez a pergunta, mas não Khalil Gibran pela resposta.

> Quando vosso amigo manifesta seu pensamento, não temeis o 'não' de vossa própria opinião, nem prendeis o 'sim'.

Por que alguém deveria ter medo de um amigo? Então, quando o amigo diz o que pensa, não tenha medo de dizer "não", pois ele vai compreender. E *nem prendeis o "sim"*.

O que *é* afeto? Se você não puder expor o seu coração, puro, de afeto, você não passa de um homem de negócios esperto. Pensa na renda, no futuro, na recompensa. Embora queira dizer "não", tem medo de que a amizade seja destruída por isso. E ele é sua necessidade, sua mesa, seu campo – por acaso você é um canibal?

Isso revela os segredos da mente astuta: diga "sim" quando souber que ele vai ficar contente, diga "não" apenas quando tiver certeza de que ele vai ficar contente. Você assim não é sincero, direto. Se não pode ser sincero com um amigo, com quem há de ser? Por isso digo que o afeto tem um valor muito maior e mais importante. Ele pode dizer "não" sem medo, pois sabe que o amigo vai compreender, e vai ser grato por você não o ter enganado.

Ter afeto significa expor-se para o outro, pois existe confiança. A amizade é algo muito pobre.

E quando ele se cala, vosso coração continua a ouvir o seu coração.

É essa a personalidade dividida de Khalil Gibran. Com essa criação de Al-Mustafá ele está sendo político. Não está se expressando diretamente, está se exprimindo através de Al-Mustafá, que é apenas fictício. Porém, isso é uma garantia: as pessoas vão tomá-lo como poesia, ficção, beleza.

Ele foi elogiado mundo afora por este livrinho, *O profeta*. Talvez eu seja o primeiro a tentar criar uma divisão clara entre quando ele está sendo sincero e quando não está.

Porque, na amizade, todos os desejos, ideais, esperanças, nascem e são partilhados sem palavras,

Ele nunca vai além da mente. O afeto ultrapassa o mental, assim como o amor; na verdade, o afeto vai mais longe que o amor.

Nos *Upanixades* há uma declaração tremenda. No Oriente, é costume o casal pedir a bênção de um adivinho, um sábio, quando vai se casar. Essa bênção estranha não está registrada em nenhuma literatura, em nenhuma tradição.

O sábio, um homem iluminado, abençoa o casal com as seguintes palavras: "Você deve dar à luz dez filhos e depois disso o seu marido será o décimo primeiro". O marido vir a ser o décimo primeiro filho? Parece absurdo, mas é algo muito profundo. Você já amou, deu à luz dez filhos, agora é hora de se colocar acima do próprio amor. Até seu marido é seu décimo primeiro filho. Ultrapasse o amor e una-se na amizade. Aperfeiçoe-o até ele se tornar afeto, e então nem a esposa é esposa nem o marido é marido, e vocês passam a ser duas almas juntas vivendo no afeto.

esperanças, nascem e são partilhados sem palavras, numa alegria silenciosa.

O amor ou o afeto não têm expectativas. Essa é a beleza do afeto – você não espera nada, pois onde existe expectativa surge logo em seguida a sombra da frustração. Você não pode impor o futuro; você nem sabe como vai ser o futuro.

Quando eu fazia pós-graduação na universidade, havia uma moça bonita que cursava as mesmas disciplinas. Ela era rica, filha de um coletor de impostos. Durante dois anos, estudamos as mesmas disciplinas – filosofia, religião e psicologia – até finalmente nos separarmos. Nesse dia, seu carro estava esperando – e talvez ela também estivesse esperando, porque estava no carro, sem necessidade de estar ali. Ela levou dois anos para me dizer: "Estou muito frustrada. Queria que você tivesse dito que me amava".

Eu disse: "O amor não é uma expectativa, e se é expectativa, surge a frustração". Por que o mundo inteiro parece tão frustrado? Pela simples razão de que há muitas expectativas. Continuei: "O que você está me dizendo hoje deveria ter sido dito assim que começou a sentir esse amor por mim".

Ela respondeu: "O que passou passou; não dá pra voltar no tempo. Mas este é o meu último dia na cidade. Estou com o meu pai, que é o coletor de impostos, mas a minha família mora em Nova Déli. À noite não estarei mais aqui. Criei coragem e falei. Amo você. Não pode me prometer que, se vier a amar, eu teria prioridade?"

Eu disse: "Não dá para garantir o futuro – o futuro é totalmente desconhecido. Não posso prometer nada nem para amanhã nem para o próximo instante".

Para mim, as promessas demonstram o atraso da mente. Qualquer promessa é um problema porque não há consciência de um fato simples: o futuro é absolutamente desconhecido.

Ninguém sabe onde vai pousar amanhã. Nenhuma promessa é religiosa, pois mostra uma mente tola que não consegue compreender o futuro. A pessoa religiosa não espera, pois isso diz respeito ao futuro, nem promete, pois isso também diz respeito ao futuro. A pessoa religiosa vive o momento. Mas ele diz: "Quando a esperança de um amigo…"

Quando vos separais de vosso amigo, não vos aflijais.

Pois o que vós amais nele pode tornar-se mais claro na sua ausência, como para o alpinista a montanha parece mais clara vista da planície.

É verdade. A mente humana funciona de tal modo que começamos a dar tudo como certo, portanto, é apenas na ausência que tomamos consciência de que era tolice dar tudo como certo.

Levamos a vida toda sem afeto, sem amor, pois demos isso como certo: "É sempre outra pessoa que morre, estou sempre vivo". Assim, você pode adiar a vida. E todo mundo adia a vida, sem saber o que o futuro nos reserva.

Mais uma vez, insisto: não dê nada como certo. Viva o momento. E viver o momento dará a você a força de viver em qualquer outro momento – se houver um futuro. A sua força vai continuar crescendo. Caso contrário… É triste que existam tantas pessoas que, quando estão à morte, se dão conta pela primeira vez: "Meu Deus, fiquei vivo durante setenta anos, mas estava sempre adiando. E agora não há mais como adiar".

Nunca faça promessas, pois talvez você não as possa cumprir. Deixe claro: "Não sou dono do futuro". Mas há pessoas fazendo promessas de tudo. Dizem à pessoa amada: "Vou amar você para sempre". São essas promessas que se transformam em aprisionamentos.

Diga aos amigos e à pessoa amada: "Só me é dado um momento por vez; nunca dois momentos nos são dados juntos. Então neste momento eu posso lhe dizer absolutamente que amo você, mas em relação a amanhã já é impossível. Ontem, eu não amava você. Amanhã, talvez a fragrância do amor vá embora, assim como chegou, sem aviso prévio. Vou estar então preso à minha promessa, envergonhado das minhas próprias palavras".

Prometer, honrar a sua palavra – a humanidade inteira se aprisionou. Viva e viva inteiramente, agora. Pois isso é tudo que você tem na mão, com certeza. Mas eu conheço a mente tola das pessoas. Se você diz a uma mulher: "Prometo que vou amá-la neste momento, mas nada posso dizer do próximo. Tampouco quero expectativas suas, nem vou lhe dar esperanças, caso contrário a vida será uma frustração contínua…"

E que não haja outra finalidade na amizade

Essa é a estranheza de Khalil Gibran, sua personalidade dividida. É preciso separar quando ele fala como Zorba e quando fala como Buda. Ele jamais conseguiu fazer uma síntese dos dois – o mais baixo e o mais alto.

E que não haja outra finalidade na amizade a não ser o amadurecimento do espírito.

Mas isso também é um propósito. Às vezes as pessoas que enxergam as coisas do mundo com clareza não têm consciência nenhuma do que dizem. Primeiro, ele afirma: *E que não haja outra finalidade na amizade a não ser o amadurecimento do espírito* – mas isso também é propósito. Na verdade, se não há nenhum propósito, o aprofundamento espiritual acontecerá por si mesmo. Não é preciso comentar, senão a frase fica contraditória. A primeira e a segunda parte são contraditórias.

Primeiro, ele diz: *Vosso amigo é a satisfação de vossas necessidades*, e agora diz: "Não deve haver propósito na amizade". Mas o que são as necessidades, a não ser objetivos? Todo objetivo destrói a beleza do afeto.

O afeto não deve ter objetivos nem necessidades – apesar de que, por um milagre da vida, se você não tem nenhum objetivo, nenhuma necessidade, as suas necessidades serão satisfeitas, os seus propósitos serão satisfeitos. Mas você não deve ter isso em mente, caso contrário, não tem o afeto, o amor.

> Pois o amor que procura outra coisa a não ser a revelação de seu próprio mistério não é amor, mas uma rede armada, e somente o inaproveitável é nela apanhado.

O amor que procura outra coisa a não ser a revelação de seu próprio mistério não é amor porque o amor é um mistério e não há forma de desvendá-lo.

O amor é como as raízes das árvores, bem afundadas na terra. Compartilhe o perfume, as flores, os ramos e a folhagem, mas não tente arrancar a árvore a fim de ver de onde ela retira tantas cores e perfumes, tanta beleza, porque isso será a morte dela. As raízes precisam ficar escondidas, como um segredo, um mistério, mesmo que você não queira… Você não deve ir contra as leis da natureza.

Compartilhe seus perfumes, compartilhe suas flores. Dance ao luar, ao vento, na chuva. Você viu esta manhã? Todas as árvores felizes, dançando na chuva, se livrando do pó para ficar frescas e novas de novo. Mas as raízes continuam misteriosas. Quando as raízes são expostas, o amor morre. É uma pena que todo amante, todo amigo fique curioso para conhecer o seu mistério, o seu segredo. Os amantes estão sempre brigando: "Você está escondendo alguma coisa".

Milhares de anos se passaram e o homem chegou à conclusão de que é impossível compreender o mistério de uma mulher, pois ela tem raízes mais fundas na terra. O homem tem os olhos fixos no céu. Que coisa absurda, todo esse esforço para chegar à Lua. Agora é para chegar em Marte!

Você não consegue viver nesta linda Terra em paz e em silêncio, com amor, sem fronteiras entre as nações, sem discriminação de cor, sem transformar metade da humanidade – a mulher – em uma prostituta, uma eterna prostituta. Você não conseguiu compreender como viver na Terra, e seus olhos estão fixos na Lua.

A palavra "lunático" vem da raiz "lunar". Lunar é relativo à lua. O homem é lunático. Na verdade, tentar desvendar o mistério de seu amor é tão feio quanto o que fez o alfaiate Tom ao espiar *lady* Godiva. A natureza não deseja a desmistificação, pois é no mistério que o amor floresce, que o afeto dança.

É bom que os homens não compreendam as mulheres e as mulheres não compreendam os homens. Não há necessidade de conhecimento. O necessário é espaço suficiente para cada um, de modo que os segredos e mistérios permaneçam escondidos. Você se apaixonou por causa desse mistério. Se desmistificar a mulher, o amor talvez desapareça.

O conhecimento é muito inútil, o mistério, muito profundo. Imagine o mistério, mas nunca o questione. O seu afeto, o seu amor não terá amarras. Quanto mais intimidade, mais o mistério se aprofunda.

Mas Khalil Gibran parece estar sempre confuso, e isso é natural. Às vezes, num relance, ele enxerga verdades tremendas e, às vezes, ele recai na escuridão e começa a falar como um tolo. É possível enxergar isso em todas as afirmações dele.

Primeiro, ele diz que seu amigo é a satisfação de suas necessidades. Depois, diz que não deve haver objetivos. O que são necessidades senão objetivos? Em seguida, abre uma exceção e diz que o aprofundamento da alma deveria ser o seu único propósito. Na verdade, não há exceções na existência.

E observe: *mas uma rede armada, e somente o inaproveitável é nela apanhado.* Com exceção do aprofundamento da alma, que é um subproduto, não deveria haver propósitos. De novo, ele se esquece do que está dizendo. *Inaproveitável* – isso é linguagem de homem de negócios, não de poetas, pois o inaproveitável leva você aos reinos mais elevados do ser. O aproveitável o arrasta para a força gravitacional da Terra.

E que o melhor de vós próprios seja para vosso amigo.

Ele anda em zigue-zague. Não o condeno, só quero mostrar como um homem com sua genialidade não consegue enxergar coisas elementares de uma afirmação. *E que o melhor de vós próprios seja para vosso amigo* – mas as preferências são diferentes. O que é bom para você pode não ter valor nenhum para seu amigo. Quem é você para decidir o que é melhor para ele? Eu não diria isso. Eu digo: "Abra o seu coração e permita que o amigo escolha: o que escolher, é dele".

Se ele deve conhecer o fluxo de vossa maré, que conheça também o seu refluxo.

Isso é uma obviedade. Você deve se abrir totalmente. Refluxo ou maré, tudo deve estar disponível para seu amigo.

Pois, o que achais que seja vosso amigo para que o procureis somente a fim de matar o tempo?

Todos os amigos fazem isso – matam o tempo uns dos outros porque ambos são vazios, e não sabem ficar sozinhos e aproveitar isso.

Procurai-o sempre com horas para viver.

Não para matar o tempo, mas para viver as horas. Mas Gibran parece o pêndulo de um relógio, que vai e vem, de um extremo a outro. Com certeza, ele não tem consciência, embora tenha grande capacidade de expressão – um homem que se exprime com palavras valiosas.

Procurai-o sempre com horas para viver.
Pois o papel do amigo é o de encher vossa necessidade, e não vosso vazio.

Você compreende por que estou falando do pêndulo? Mas o próprio Khalil Gibran não tem consciência de que uma afirmação logo contradiz a outra. *Pois o papel do amigo é o de encher* – o que aconteceu com as expectativas? O que aconteceu com o proveito? Parece que ele se esqueceu deles, *e não vosso vazio*. É preciso compreender isso: a principal necessidade do homem é não ser vazio, é não ser sombrio, é não ser só. Sua principal necessidade é ser necessário. Se ninguém precisa dele, ele fica cada vez mais consciente de seu vazio.

Então, até essa única frase é contraditória. Pois é sua vontade... *Pois o papel do amigo é o de encher vossa necessidade* – mas não é o vazio a sua maior necessidade? Você está sempre ocupado por quê? Para não se sentir vazio. Você *é* vazio.

O Oriente tem uma resposta mais profunda: o vazio não precisa ser algo negativo. Não o preencha com um monte de bobagens. O vazio pode ser um templo cheio de santidade. Ainda assim será vazio, pois a santidade é apenas uma qualidade.

Preencha-o de luz – ainda será vazio. Preencha-o de silêncio. Transformando o vazio negativo em um fenômeno positivo, você proporcionará a si mesmo um milagre.

E, na doçura da amizade, que haja risos e o partilhar dos prazeres.

Mais uma vez, Khalil Gibran vai dizendo coisas sem indicar como isso é possível. Qualquer tolo pode dizer: "Encha o seu jardim de verde, de flores, de lagos, com lindas flores de lótus", mas isso não é o bastante. Você está tratando com um homem que não conheceu o verde, nem rosas, nem flores de lótus, e que não tem nenhuma noção de como vai fazer isso. Falta uma orientação.

Isso não acontece apenas com Khalil Gibran, mas quase todas as religiões do mundo estão no mesmo barco. Elas dizem: "Você não deve se zangar". Mas como? A raiva existe! "Você não deve ter ciúme." Porém, como se livrar do ciúme? "Você não deve ser competitivo." Que mandamentos falsos!

É bonito ficar em silêncio, mas onde está a meditação que lhe proporciona silêncio? "Você não deve ter ciúme." Mas onde está a compreensão de que com o ciúme você incendeia o próprio coração? Ele só faz mal a você, a mais ninguém.

Como se livrar da competitividade, uma vez que as religiões estão sempre ensinando, de um lado, "Não seja competitivo" e, de outro, "Seja alguma coisa"? Elas oferecem ideais: "Seja como Jesus". Mas existem milhões de cristãos. Você vai ter que competir. Elas dizem: "Não tenha ciúme", mas forçam as pessoas a sentir ciúme, unindo um homem a uma mulher. Quando o amor desaparece e a primavera se vai, o homem começa a procurar outras saídas, e a mulher também.

Eu ouvi dizer...

Em um processo de um tribunal, marido e esposa queriam o divórcio. Essa história deve ser antiga, quando o divórcio era quase impossível, imoral, indigno. O juiz disse: "Tenham amor um pelo outro. Permaneçam juntos até que a morte os separe".

A mulher disse: "O seu conselho é bom, mas como amar um homem que simplesmente odeio? Também sei que ele não consegue me amar, também me odeia. Portanto, por favor, nos dê um método para que o ódio desapareça e se transforme em amor".

O juiz respondeu: "Meu Deus, não conheço nenhum. Mas vocês devem fazer um juramento e todo o esforço de permanecer juntos. Não abram esse precedente imoral na sociedade".

A mulher disse: "Estou pronta a fazer um juramento, com a mão sobre a cabeça de meu filho".

O juiz ficou inquieto diante dessa cena esquisita: "Do seu filho, não. Use apenas o seu livro sagrado".

A mulher afirmou: "Sou mãe, a maternidade é minha religião. Por que está tão inquieto? Quer que eu o exponha diante do tribunal? Pois o filho é seu!"

Que sociedade hipócrita esta em que vivemos. O juiz tenta impor que eles vivam juntos, mas é o amante secreto da mulher. Não só, até o filho é dele e não do marido. Por isso ele tem medo.

Ela disse: "Compreende agora? Você é infiel à sua esposa. Este filho é seu, sou apenas a mãe dele. O meu marido tem lá os relacionamentos dele. Para sua surpresa, com sua esposa! E os filhos que você pensa serem seus não são".

Que sociedade hipócrita. Continuamos a viver na infelicidade, na mentira, até nos tribunais.

Uma vez eu estava em um tribunal em Jabalpur. Havia ali uma igreja muito bonita, mas quando o governo britânico se foi, em 1947, todo o rebanho da igreja também voltou ao seu país. Ela ficou fechada durante quase dez anos. Seu lindo jardim tinha sido completamente destruído. Ela era propriedade da Igreja Anglicana.

Eu tinha alguns amigos cristãos e lhes dizia: "Vocês são tolos. O seu Cristo não está em uma igreja, mas sim aprisionado há dez anos, e talvez agora ele vá ficar lá a vida toda. Arrebanhem alguns cristãos jovens". Eles tinham muito medo porque a igreja pertencia à Igreja Anglicana. Eu disse: "Não se preocupem. Vou inaugurar a igreja. Limpem, restaurem, joguem fora as trancas, quebrem-nas. A igreja pertence a quem faz cultos nela. Não é uma propriedade. Se vocês fazem cultos nela, então é *sua* igreja".

Eles disseram: "Você está arrumando confusão. Logo vão abrir um processo no tribunal".

"Não se preocupem. Vou brigar com vocês. Podem dizer a verdade no tribunal – que fui eu quem lhes disse o que fazer."

Isso era tão sensato que eles, ainda que relutantes, conseguiram quebrar as trancas, restaurar a igreja e limpar o jardim. E eu a inaugurei em um domingo.

Imediatamente, outros cristãos informaram a Igreja Anglicana. "Isso é invasão. Não só invasão, essas pessoas tomaram a propriedade." Era uma propriedade grande, com quase 80 mil metros quadrados de terra, e a igreja era muito bonita.

A Igreja Anglicana tinha um bispado em Nagpur, que, naquela época, era capital de Madia Pradexe. Eles então avisaram: "Tragam todas essas pessoas para o tribunal" – principalmente eu, que nem cristão era.

No banco das testemunhas, perguntei ao juiz: "Quero esclarecer algumas coisas antes do juramento porque depois não vai ser possível".

Ele disse: "Que estranho. É preciso fazer o juramento primeiro".

"As coisas que quero dizer são sobre o juramento, então por que não poderia dizê-las antes?", perguntei.

"Está bem, diga. Mas isso não é o habitual."

"A primeira coisa é: eu já o vi visitando prostitutas, e a cidade inteira sabe que você faz isso, portanto, não tenho nenhum respeito por você. Posso me dirigir a um jumento dizendo 'honorável senhor', mas não posso ser sincero ao dizer 'honorável senhor' a você, pois seria mentira. O meu coração não concorda com isso. Então, permita-me dizer de coração o que é verdade, se insiste com o juramento. Do contrário, esqueça o juramento. Segundo, gostaria de saber sobre o que vou jurar."

Ele disse: "Você pode fazer o juramento sobre a Bíblia, o *Bhagavad Gita* ou qualquer livro sagrado".

Exclamei: "Eles estão cheios de mentiras. Já os leu? Que absurdo! Um juramento pela verdade sobre um livro cheio de mentiras.

"Terceiro: a simples ideia de um juramento me é repulsiva, pois implica que, se não aceito o juramento, é porque vou mentir, que só sob juramento vou dizer a verdade. Não aceito esse julgamento. Falo a verdade como a sinto em meu ser, e esses livros podres, velhos... Tampouco tenho respeito por esses livros. Só pessoas como você conseguem ter fé nesses livros indecentes, denominados sagrados. Mas estou pronto para qualquer formalidade.

"Mas lembre-se: assim que eu tiver feito um juramento segurando um livro sagrado cheio de mentiras, vou continuar mentindo. Tenho de seguir o livro. Primeiro, prove que esses livros apresentam a verdade, que você é digno de ser chamado de 'honorável senhor', e convença-me de que o próprio conceito de juramento não é ruim.

"Se apenas sob juramento falo a verdade, isso significa que eu menti a vida toda. Você é um homem inteligente, entende que se um homem mente a vida toda, seu juramento também pode ser uma mentira. O que pode impedir isso?"

Continuei: "Não pertenço a religião nenhuma, não tenho superstições, então, vocês decidem".

Imediatamente, ele disse: "Chamem a segunda testemunha".

"Ainda não", eu disse, "ainda quero insistir em um ponto. Um templo pertence a quem reza nele. Não é apenas um pedaço de terra, não é uma casa. Não pode ser propriedade de ninguém. A Igreja Anglicana não tem direito de propriedade sobre o edifício. Essa igreja pertence a quem reza nela, medita nela – são esses os donos verdadeiros."

Ele tremia ao dizer: "Compreendo, mas você levantou questões tão fundamentais que é melhor... Chamem a segunda testemunha!"

Este mundo é muito hipócrita. Os seus líderes estão sempre mentindo. A ninguém é permitido viver, mas mentir...

E, na doçura da amizade, que haja risos e o partilhar dos prazeres.

Como? Destruíram até a capacidade que o homem tem de sorrir. Se quiser – é uma boa ideia –, conte para as pessoas como elas podem ressuscitar a vida, o riso, a dança, os prazeres compartilhados. Todas as religiões são contra o prazer. Nenhuma religião fala de partilhar, mas, sim, de "dar aos pobres porque você vai receber mil vezes mais depois da morte". Isso é só negócio! Na verdade, nem negócio é, é jogo. Nenhuma igreja nem sinagoga nem templo permitem que as pessoas riam, dancem, cantem. Esmagaram o espírito humano de tal forma que ele quase virou um cadáver.

O problema de Khalil Gibran é ter grande força intelectual. Suas afirmações têm origem na razão, mas não na experiência. Se ele falasse da experiência, ele teria oferecido as chaves de como desfazer tudo o que fizeram à humanidade ao longo de séculos.

Pois, no orvalho de pequenas coisas, o coração encontra sua manhã e se sente refrescado".

Ele escreve lindas palavras, mas para que servem? O ser mais evoluído do planeta não consegue rir. Todas as religiões vêm ensinando: "Renuncie ao mundo". Você deve contradizer isso se quiser...

Pois, no orvalho de pequenas coisas, o coração encontra sua manhã e se sente refrescado. Nenhuma religião permite o prazer; nenhuma religião permite o riso; nenhuma religião permite que você usufrua das pequenas coisas da vida. Ao contrário, elas condenam todas as pequenas coisas. E a vida é feita de pequenas coisas.

As religiões falam de Deus, mas não de flores; falam de paraíso, mas não de alimento nutritivo; falam de todos os prazeres do céu, mas não da terra. A terra é punição. Você foi jogado na terra como alguém que é jogado na prisão.

Khalil Gibran é excelente com as palavras, mas há algo de covardia em sua falta de consciência, caso contrário ele poderia ter acrescentado: "Quem está lhe ensinando algo diferente disso não é seu amigo, mas inimigo. Todas as religiões são inimigas do homem, todos os sacerdotes são inimigos do homem, todos os governos são inimigos do homem". Mas você não encontrará nenhuma palavra nesse sentido. Por isso ele é respeitado no mundo todo, pois não incomodou ninguém. Estou afirmando as mesmas coisas, mas preenchendo as lacunas, alterando as palavras de que ele não tem consciência.

Ele é um belo homem, mas não é corajoso. Ainda é um cordeiro, não um pastor; um cordeiro, não um leão. Deveria ter urrado como um leão, pois tinha capacidade para tal. Mas esse grande homem morreu sem nem ter seus livros na lista negra do papa polaco, para que nenhum católico os lesse.

Todos os meus livros estão nessa lista negra. Lê-los é um atalho para o inferno. Fico bem feliz que vocês venham a ficar no inferno comigo. Vamos transformá-lo em paraíso. E um dia Deus vai bater à porta: "Por favor, me deixem entrar. Estou cansado e cheio dos idiotas".

Capítulo 10

Prazer
A semente da felicidade

Então, um ermitão, que visitava a cidade uma vez por ano, acercou-se e disse: "Fala-nos do Prazer".

E ele respondeu, dizendo:

"O prazer é uma canção de liberdade,

Mas não é a liberdade.

É o desabrochar de vossos desejos,

Mas não a sua fruta.

É um abismo olhando para um cume,

Mas não é nem o abismo nem o cume.

É o engaiolado ganhando o espaço,

Mas não é o espaço que o envolve.

Sim, na verdade, o prazer é uma canção de liberdade.

E de bom grado eu vos ouviria cantá-la de todo o vosso coração; porém, não gostaria que perdêsseis vosso coração no canto.

Alguns de vossos jovens procuram o prazer como se fosse tudo na vida, e são condenados e repreendidos.

Eu preferiria nem condená-los nem repreendê-los, mas deixá-los procurar.

Pois encontrarão o prazer, mas não só ele.

Sete são suas irmãs, e a última dentre elas é mais bela que o prazer.

Não ouvistes falar do homem que cavava a terra à procura de raízes e descobriu um tesouro?"

Khalil Gibran colocou todas as perguntas em seu contexto adequado. Elas não surgem de repente, mas representam quem as faz. E ele se esforçou para responder ao questionador ao responder à questão. São coisas diferentes.

A abordagem filosófica da vida apenas responde à pergunta; não importa quem a faz, a própria questão é o que importa para o filósofo. Mas, para o místico, a questão é apenas o início de uma profunda revelação do questionador. Portanto, a resposta não se dirige à questão, mas ao questionador. A questão tem raízes no coração de quem a fez e, a menos que ele receba a resposta, você não a respondeu.

Khalil Gibran tem o cuidado de não se esquecer do questionador quando está respondendo a uma pergunta. A pergunta é superficial, o problema de fato está no fundo do coração de quem perguntou.

> Então, um ermitão, que visitava a cidade uma vez por ano, acercou-se e disse: "Fala-nos do Prazer".

Não é estranho que um eremita pergunte sobre o prazer? Parece que sim, mas na verdade o eremita renunciou ao prazer e se sente angustiado com essa renúncia. Não consegue deixar de pensar que quem está levando uma vida de prazer talvez esteja certo, talvez ele simplesmente esteja errado ao renunciar à vida e seus prazeres.

Esse sentimento, aliás, não é apenas superficial, é profundo, pois, uma vez que ele renunciou ao prazer, perdeu o gosto pela vida, perdeu até a vontade de respirar. Levantar-se pela manhã para quê? Desde que renunciou, ele sentiu uma espécie de morte, deixou de ser um ser vivo, embora respire, coma, ande e fale. Eu lhe digo: ele só tem uma vida póstuma. É como um fantasma que já morreu faz tempo. Assim que renunciou à existência, renunciou à vida também. Cometeu suicídio espiritual.

Mas as religiões não ensinam nada além de suicídio espiritual. São todas contra a vida – e se você é contra a vida, o único jeito é continuar reprimindo seus desejos e vontades naturais.

O eremita, que já foi louvado como santo, não passa de uma alma reprimida, que não se permitiu viver, dançar, amar. É como uma árvore que tivesse renunciado à própria folhagem, às próprias flores e frutos. Lá fica uma vaga lembrança de árvore, seca e sem sumo.

Tudo isso ocorreu porque existem interesses no mundo que só querem você sobrevivendo, mas não vivo; apenas sobrevivente, mas não em sua plenitude – apenas no mínimo, não no máximo. Transformaram o ser humano em um rio de verão. Não permitem que você transborde com a chuva, para sentir algo que se expanda, se amplie, um sonho de no futuro se encontrar com o mar. Um rio de verão se encolhe, fica raso, fragmentado.

O núcleo vital do eremita morreu. O seu corpo continua vivendo, mas ele não sabe o que é vida, pois o prazer é a única linguagem que a vida compreende. Embora o prazer não seja o fim, é certamente o início, e não é possível alcançar o fim se você perdeu o início. O eremita precisa de toda a sua compaixão, não de sua adoração. A sua adoração tem sido a causa do suicídio de muita gente, pois você tem adorado aqueles que estão renunciando ao prazer. Você está satisfazendo esses egos e destruindo essas almas. Vocês são parceiros em um grande crime: eles estão cometendo suicídio, mas você também os está matando ao adorá-los.

A pergunta – de um eremita que pede a Al-Mustafá: *Fala-nos do Prazer* – é muito significativa. É preciso coragem até para fazê-la, pelo menos no que diz respeito aos seus assim chamados sábios e santos.

Há cerca de 25 anos, quando eu participava de um congresso, antes de minha apresentação, o monge jainista Chandan Muni, muito respeitado em sua comunidade e religião, abriu o evento.

Ele falou sobre a imensa felicidade, a imensa alegria de renunciar à vida, ao mundano, aos prazeres profanos. Eu estava ao seu lado, observando-o, e não enxergava nenhum indício de que ele soubesse do que estava falando. Ele tinha um ar rígido e acabado, repetia frases das escrituras como um papagaio. Não era poético – espontâneo, fluindo como um riacho na montanha, novo, fresco, sinuoso e dançante até o mar.

Apresentando-me depois dele, eu disse: "O homem que acabou de falar não passa de um hipócrita" – e ele estava do meu lado –, "não sabe nada de êxtase, de felicidade, porque o homem que renuncia ao prazer renuncia ao primeiro passo que leva à felicidade, que é o último passo. É impossível alcançar a felicidade se você for contra o prazer e a vida".

O susto foi grande porque as pessoas não falam o que sentem, falam apenas o que os outros apreciam. Eu conseguia sentir as vibrações de Chandan Muni – era uma bela manhã, com uma brisa fresca, mas ele estava transpirando. Sendo, porém, um homem honesto, não me desmentiu, ao contrário, à tarde recebi um recado: "Chandan Muni quer se encontrar com você e pede desculpas por não poder vir, mas não tem permissão do comitê para isso".

Respondi: "Sem problema. Posso ir. Não estou preso, minhas asas não estão cortadas. Não me importo com nenhum comitê."

Então o mensageiro disse: "Deixe-me ir antes para arranjar as coisas, de modo que possam se encontrar com privacidade".

"Qual é o problema? Os outros podem ficar", eu disse.

"Compreenda", ele explicou. "Desde esta manhã, Chandan Muni não para de chorar. Ele tem 70 anos e tornou-se monge quando tinha apenas 12. Seu pai tornou-se monge, a mãe tinha morrido, para onde uma criança iria? Então, era conveniente que ele se tornasse monge como o pai, e foi o que fez. Ele nunca soube como é a vida, nunca brincou com crianças, nunca viu nada que possa ser considerado prazeroso."

"Está bem, adiante-se e faça os devidos arranjos, irei em seguida", eu disse. Mesmo assim juntou gente. Suspeitavam que depois daquela manhã alguma coisa tinha acontecido com Chandan Muni – ele não falava, tinha os olhos marejados. Teve que implorar para as pessoas: "Por favor, nos deixem sozinhos!"

Depois de trancar as portas, ele voltou-se para mim: "Foi difícil escutar suas palavras. Elas foram como flechas vindo diretamente ao meu coração, mas você só disse verdades. Não sou corajoso como deveria, por isso não quero que mais ninguém ouça isso, mas eu não conheço a vida. Não conheço nada. Só aprendi com os textos sagrados e eles são vazios. E, com 70 anos, o que sugere que eu faça?"

"Acho que a primeira coisa a fazer é abrir as portas e deixar as pessoas entrarem. Você tem medo de quê? Não tem nada a perder. Nunca viveu – você morreu aos 12 anos. Um homem morto não tem nada a perder. Mas deixe que ouçam isso. Essas pessoas têm louvado você. Por causa dessa adoração, o seu ego se satisfez e você conseguiu levar essa vida atormentada, esse horrível pesadelo a que as religiões chamam de santidade – isso é pura patologia", respondi.

Ele hesitou, mas conseguiu reunir coragem para abrir as portas. E quando as pessoas ouviram que ele não conhecia nada, em vez de elogiarem sua sinceridade e franqueza, começaram a condená-lo, dizendo: "Você nos enganou!" E o expulsaram do templo.

Parece não haver lugar para a verdade, mas ele está disponível para a hipocrisia, a adoração, a respeitabilidade.

Esse eremita me faz lembrar de Chandan Muni. Não sei o que aconteceu com ele, mas, seja lá o que for, deve ter sido melhor do que o que vinha acontecendo antes. Pelo menos ele sacrificou sua respeitabilidade ao ser honesto e verdadeiro, e isso é um grande passo.

O eremita solicita: *Fala-nos do Prazer*. A palavra "prazer" não tem sentido para o eremita; ele só ouviu condenações a ela. Talvez ele mesmo tenha condenado o prazer, mas nunca o experimentou.

Gostaria de contar uma linda história. Um dia, no paraíso, Buda, Confúcio e Lao-Tsé conversavam em um dos restaurantes Zorba, o Buda. Uma bela mulher nua aproximou-se com um jarro e perguntou aos três: "Os senhores aceitariam um suco de vida?"

Buda foi logo fechando os olhos e dizendo: "Tenha vergonha! Está tentando nos degradar. Com muito esforço e grande rigor conseguimos chegar até aqui, e agora você vem com o suco de vida. Vá embora!" Ele disse tudo isso de olhos fechados.

Já Confúcio manteve os olhos semicerrados. É essa sua filosofia: o caminho do meio, nem um extremo nem outro. Ele disse: "Gostaria de provar um pouquinho, pois sem provar não posso dizer nada". Ela despejou um pouco de suco da vida em um copo. Confúcio deu um golinho e devolveu o copo: "É muito amargo".

Então Lao-Tsé pediu: "Sirva-me a jarra inteira". A mulher espantou-se: "A jarra inteira? Vai beber direto da jarra?" Ele disse: "Essa é minha abordagem da vida: a menos que você beba tudo, não pode dizer nada sobre ela. Pode ser amarga no início, talvez seja doce no final – quem sabe?"

Antes que a mulher pudesse dizer qualquer coisa, ele pegou a jarra e bebeu todo o suco de vida de um gole só. E disse: "Confúcio, você está errado. Tudo pede um certo treinamento do paladar. O suco estava amargo porque lhe era desconhecido; ou porque você já tinha predisposição contra ele. Toda a sua conversa sobre o caminho do meio é filosofia vazia. Digo que, quanto mais bebi, mais doce ficou o sabor. Inicialmente, era apenas agradável; no fim, era extasiante".

Buda não suportou esse elogio à vida. Simplesmente se levantou e saiu do restaurante Zorba, o Buda. Lao-Tsé disse: "O que aconteceu com esse sujeito? Ficou sentado de olhos fechados. Antes de mais nada, não é preciso fechar os olhos, a mulher é tão bonita. Se houvesse algo feio você poderia fechar os olhos, é compreensível, mas fechar os olhos diante de uma mulher tão bonita é uma demonstração de insensibilidade, de humilhação, condenação, de um medo profundo. Talvez esse sujeito seja muito reprimido e tenha medo de que essa repressão venha à tona".

Confúcio não quis ouvir Lao-Tsé porque ele se afastava demais do caminho do meio. Então, foi embora. E Lao-Tsé começou a dançar. Soube que ainda está dançando...

A vida deve ser vivida antes que você decida qualquer coisa sobre ela – a favor ou contra. Quem levou a vida com intensidade e inteiramente nunca foi contra ela. Quem foi contra foram as pessoas que nunca viveram intensamente, que nunca a aceitaram em sua totalidade, permanecendo distantes e reservadas – e isso é o que as religiões sempre ensinaram e é assim que elas têm destruído a humanidade.

Al-Mustafá respondeu:

"O prazer é uma canção de liberdade,

As afirmações que ele vai fazer são muito significativas:

"O prazer é uma canção de liberdade,
Mas não é a liberdade.

O prazer é apenas uma canção, um subproduto. Quando você conhecer a liberdade, a canção surgirá. Mas eles não são sinônimos. Talvez a canção não venha a soar.

Você tem prazer apenas quando está experienciando um momento de liberdade – livre de cuidados, livre de preocupações, livre de problemas, livre do ciúme, livre de tudo. Nesse instante de liberdade absoluta, uma canção surge em você, e essa canção é o prazer. A liberdade é a mãe, a canção, apenas um dos filhos. Essa mãe tem muitos outros filhos. Portanto, não são sinônimos. A liberdade traz muitas flores – ela é apenas uma dessas flores. E traz muitos tesouros – ela é apenas um desses tesouros.

É o desabrochar de vossos desejos,
Mas não a sua fruta.

As flores são lindas. Você pode gostar delas, apreciá-las, mas elas não nutrem você, não vão virar alimento. Você pode usá-las na decoração, mas elas não vão virar sangue, ossos e medula. É isso que ele quis dizer: *É o desabrochar de vossos desejos. Mas não a sua fruta.*

Portanto, não pare no prazer, há muito mais por vir. Aproveite as flores, colha as flores, faça guirlandas com elas, mas não se esqueça: existe também o fruto. E o fruto do seu amadurecimento não é o prazer, esse fruto é a felicidade.

O prazer é apenas o princípio – uma árvore pronta. As flores são a canção anunciando que a árvore está prenhe, e logo haverá frutos.

Não se perca nos prazeres, tampouco fuja deles. Desfrute-os, mas não se esqueça de que a vida é muito mais que prazer. Ela não acaba no prazer, apenas começa com ele; o fruto é a felicidade. O prazer, porém, lhe oferece um pouco do sabor do que está por vir. Oferece um sonho, uma vontade de algo mais. É uma promessa: "Espere, os frutos virão. Não ignore as flores, caso contrário, jamais verá os frutos".

É isso que venho lhe dizendo sem parar, de diversas formas. Minhas palavras talvez sejam outras, mas minha canção é a mesma. Talvez eu entre no templo por uma porta diferente, mas o templo é o mesmo.

Zorba é apenas uma flor, Buda é o fruto. A menos que tenha ambos, você não será completo, vai faltar alguma coisa. Sempre haverá um vazio em seu coração, um canto sombrio em sua alma. A menos que Buda e Zorba dancem juntos no seu ser – a flor e o fruto, o início e o fim –, você não conhecerá o real significado da existência.

O significado da existência não deve ser procurado pelo seu intelecto, deve ser experimentado na vida.

É um abismo olhando para um cume,

O prazer é a profundeza que atinge a altura. Lembre-se sempre de que toda profundeza está próxima da altura; apenas os topos ensolarados das montanhas têm vales profundos ao lado. O prazer está no vale, mas, se você já conheceu o prazer, ele vai atiçar em seu ser o desejo por aquele pico ensolarado e longínquo. Se a escuridão é tão bonita, se o vale é tão gratificante, como você vai conter a tentação de atingir as alturas? Quando a profundeza oferece tanto, você tem de explorar as alturas.

O prazer é uma tremenda sedução para atingir as alturas. Não é contrário ao seu crescimento espiritual. É amigo, não adversário. Quem negou o prazer negou também as alturas, pois as alturas e os vales existem juntos. Os vales têm uma beleza própria, não há nada de pecaminoso nem de maligno neles – mas não se perca. Aproveite, permaneça alerta, pois há muito mais. Você não deve se contentar com a escuridão do vale. O prazer gera em você um descontentamento espiritual: se a escuridão pode oferecer tanto, pode render tanto, o que dizer das alturas?

É um abismo olhando para um cume,
Mas não é nem o abismo nem o cume.

O prazer em si mais se parece com um simples terreno. De um lado fica o pico da montanha. Devido à altura da montanha, ele parece ser a profundeza, mas na verdade é um simples terreno.

Existem profundezas e existem alturas. Se você cair na profundeza, estará caindo em uma existência dolorosa, na angústia – abaixo do prazer fica a dor, a agonia. Além do prazer está a felicidade, o êxtase.

É lamentável que milhares de pessoas muito boas tenham renunciado ao prazer e entrado na escuridão, no buraco sem fundo da dor, da tristeza e da austeridade; mas elas continuam a se consolar porque os textos sagrados continuam lhes dizendo que, quanto mais sofrerem, maior será a recompensa após a morte. Ninguém lhes diz: "Não é preciso esperar pelo paraíso depois da morte. Não seja contra o prazer, procure pelo prazer em sua totalidade e ele começará a guiá-lo, pouco a pouco, até as alturas".

Aqui, você pode estar no inferno ou no céu. Depende de você, aonde está indo. Não se indisponha com o prazer, deixe que o prazer seja a flecha no rumo das estrelas.

É o engaiolado ganhando o espaço,

Com o prazer, crescem as asas do pássaro da gaiola, ainda assim ele está na gaiola. Tem asas, mas o céu não está à disposição. Pode-se dizer: "O prazer é a felicidade engaiolada".

A felicidade é o prazer com asas, alçando voo no céu. Quando o prazer fica livre de todas as prisões, passa por uma transmutação, uma transformação. Ele já traz consigo uma semente, só é preciso relembrá-lo disso: "Você tem um potencial tremendo". Ele tem asas, mas não tem consciência delas.

Estar com um mestre não significa aprender. Estar com um mestre significa se infectar. Vendo o mestre abrir as asas no ar, você toma consciência de repente: "Eu também tenho as mesmas asas". O mestre vira um lembrete. Não é o ensinamento que o mestre transmite, é a lembrança que ele evoca.

É o engaiolado ganhando o espaço,
Mas não é o espaço que o envolve.

Então, aqueles que conhecem o prazer conhecem também as próprias asas, só precisam achar a saída da gaiola. E a gaiola é própria, feita em casa. A gaiola é o seu ciúme, que você continua alimentando; é sua competitividade que você continua estimulando; é o seu ego, que você não abandona, mas continua levando, apesar do peso dessa carga. A gaiola não é de outra pessoa, portanto, é fácil se livrar dela.

Foi o que aconteceu com o místico sufi Mansur Al-Hallaj, de quem gosto muito. Existiram muitos místicos e sempre existirão, mas não acredito que outro vá ter o mesmo timbre de Al-Hallaj. Ele era raro em todos os sentidos. Por exemplo, alguém lhe perguntou: "Como ser livre? Todos vocês falam em liberdade, mas *como* ser livre?"

Ele respondeu: "É muito simples, observe". Eles estavam em uma mesquita cheia de colunas. Al-Hallaj segurou uma coluna com as mãos e começou a gritar: "Socorro! Como posso me livrar desta coluna?"

O homem disse: "Está louco? Você mesmo está agarrando a coluna. Ninguém está fazendo nada, nem a coluna está fazendo coisa alguma. Que bobagem é essa?"

"Eu só estava respondendo à sua pergunta", ele disse. "Você me perguntou como ser livre. Alguma vez já perguntou a alguém sobre a arte de não ser livre? Essa você conhece muito bem. Você vai criando correntes novas, novas amarras – é você mesmo quem faz isso. Desfaça! Ainda bem que é você mesmo quem faz isso, porque pode se desfazer disso sem precisar da permissão de ninguém."

Al-Hallaj ainda estava segurando a coluna. O homem disse: "Pelo menos agora eu compreendi a questão, mas, por favor, solte a coluna. Já está juntando gente. Todo mundo sabe que você é maluco, mas já estou ficando constrangido!"

"Só solto se você realmente tiver compreendido, caso contrário, morro aqui com essa coluna", ele disse.

"Meu Deus, fazer uma pergunta a você é arrumar confusão."

As pessoas começaram a insultar o homem, dizendo: "Por que você perturbou Al-Hallaj? Que tipo de pergunta fez?"

Ele disse: "Estranho, fiz uma pergunta muito simples. Como ser livre? Em vez de me responder, ele foi até a coluna e a segurou, gritando por socorro. Por isso vocês acorreram".

E Al-Hallaj continuava: "Socorro! Como posso ser livre?"

Por fim, o homem disse: "Desculpe-me, vou tentar, mas não zombe de mim. Solte a coluna!"

"O que você diria: eu estou segurando a coluna ou é a coluna que está me segurando?", perguntou o místico.

O homem disse: "Mansur, embora você tenha se tornado um grande místico, nós fomos colegas de infância, estudamos na mesma escola, por favor, lembre-se disso diante dessa multidão aqui presente. A cidade inteira está aqui e está zangada comigo. Isso não é jeito de responder a uma pergunta. Fiz uma pergunta filosófica".

Mansur disse: "Filosófica? Então você não deveria ter se dirigido a um homem como eu. A filosofia é apenas para tolos. Só quem está realmente buscando a verdade deveria entrar em minha casa. Esta é a casa de Deus. E eu lhe respondi. Se deseja ser livre, pode ser livre neste instante, pois está segurando todas as correntes como se elas fossem enfeites e não amarras. Livre-se delas! Mesmo que sejam feitas de ouro, não estão deixando que você seja livre, não estão permitindo que suas asas se abram".

Sim, na verdade, o prazer é uma canção de liberdade.

E de bom grado eu vos ouviria cantá-la de todo o vosso coração;

A humanidade se esqueceu completamente de uma coisa: plenitude. Ama, mas não de coração pleno. Chora, mas as lágrimas são superficiais, talvez mera formalidade. Sorri, pois é o que se espera.

Soube de um chefe que só conhecia três piadas. E todo dia ele reunia o pessoal do escritório – todos os auxiliares, gerentes – e contava uma das piadas. Todo mundo ria como se nunca a tivesse ouvido antes. Tinham que fazer isso, pois não rir seria uma ofensa ao chefe.

Um dia, uma datilógrafa não riu, e o chefe disse: "Qual é o problema? Por que você não está rindo?"

Ela respondeu: "Pedi demissão. Arrumei outro emprego. Por que deveria rir?"

As pessoas riem por formalidade, mas esse tipo de riso não é sincero. Nenhuma de suas atitudes é plena. É essa a sua tristeza, o seu inferno.

Um rei tinha vindo atrás de um mestre zen. O mestre zen tinha um lindo jardim e, bem diante do portão, um velho estava cortando lenha. O rei lhe perguntou: "Posso saber quem é o senhor?"

Ele disse: "Quem sou eu? O senhor pode ver, sou um lenhador".

"É verdade, posso ver isso, mas estou procurando o seu mestre", disse o rei.

"Meu mestre? Não tenho nenhum mestre."

O rei achou que o homem parecia louco. Porém, apenas para concluir a conversa, ele perguntou: "Aqui é o monastério zen?"

O homem disse: "Talvez".

O rei então seguiu em frente. Quando chegou à casa no meio da floresta, entrou e viu o mesmo lenhador, agora usando uma túnica de monge zen, sentado em postura zen, com ar realmente bonito e gracioso. O rei encarou-o e disse: "O que está acontecendo? O senhor tem um irmão gêmeo?"

"Talvez", ele respondeu.

"Quem está cortando lenha diante do portão?"

"Seja lá quem for, é um lenhador. Por que falar de um lenhador? Sou um mestre", respondeu.

O rei ficou confuso, mas o mestre disse: "Não se sinta confuso. Quando estou cortando lenha, sou lenhador. Não deixo espaço para mais nada. Quando sou mestre, sou mestre. Você não se encontrou com duas pessoas, encontrou-se com uma pessoa que é sempre plena. Da próxima vez, talvez me encontre pescando no lago, daí vai se encontrar com um pescador. Não importa o que faça, sou minha ação, plenamente".

A cada instante, viver a vida plenamente: é esse o meu ensinamento. Quem conhece a vida e seus mistérios concorda em um ponto: que você deve estar de coração pleno, seja lá o que esteja fazendo.

Khalil Gibran está dizendo: *E de bom grado eu vos ouviria cantá-la de todo vosso o coração...* quando a canção da liberdade acontecer para você, deixe que seu coração dance e cante.

porém, não gostaria que perdêsseis vosso coração no canto.

Essa é uma afirmação muito estranha, mas significativa. Parece contraditória. Ele está dizendo: "Cante a canção com o coração pleno, mas permaneça alerta. Não se perca, não pare de testemunhar".

Quando sua ação é completa, e a testemunha a observa em silêncio, você não vai encontrar apenas a canção do prazer, vai encontrar também algo muito maior, que tem sido chamado de felicidade. A felicidade vem com a testemunha.

O prazer precisa da totalidade – mas não se perca nele, caso contrário vai parar no prazer e não irá além disso.

Alguns de vossos jovens procuram o prazer como se fosse tudo na vida, e são condenados e repreendidos.

... naturalmente, pelos velhos. O ágil, o forte e o ousado são sempre criticados pelo incapacitado, de muitas formas. Isso é um disfarce. A pessoa incapacitada aceita que é assim, mas não pode aceitar que outro não o seja. Para encobrir sua inferioridade ela começa a condenar, a criticar.

Os velhos estão sempre criticando os jovens que buscam o prazer, chamando-os de pecadores, embora no fundo gostassem de ser jovens ainda.

Alguns de vossos jovens procuram o prazer como se fosse tudo na vida... Está errado imaginar que o prazer seja tudo, mas também está errado julgá-lo e criticá-lo. O homem que o critica no fundo está aspirando às mesmas coisas, mas já se acha frágil, velho, inadequado.

O sábio dirá: "Procure o prazer, não há mal nisso. Mas lembre-se de que isso não é tudo – pois conheci coisas maiores, melhores. Mas não vou impedir sua busca. Procure de coração pleno! Talvez, na plenitude de seu coração, na própria busca e na própria experiência do prazer, você comece a procurar por algo maior, melhor, por algo mais vivo, mais bonito e mais imortal".

O homem sábio jamais critica – essa é uma norma do homem sábio – e quem critica não é sábio, muito pelo contrário.

Eu preferiria nem condená-los nem repreendê-los, mas deixá-los procurar.

Khalil Gibran tem um enorme tesouro de sabedoria.

Eu preferiria nem condená-los nem repreendê-los, mas deixá-los procurar.
Pois encontrarão o prazer, mas não só ele.
Sete são suas irmãs, e a última dentre elas é mais bela que o prazer.

Aqui ele se refere à tradição oriental do tantra, que menciona sete chacras – sete centros de seu crescimento. É preciso compreender isso com muito cuidado. Talvez quem já leu Khalil Gibran não tenha se preocupado em saber quem são as sete irmãs. Duvido até que tenha pensado nelas... A menos que saiba alguma coisa sobre o tantra e as descobertas orientais sobre a escada do crescimento espiritual, não será capaz de compreender nada.

Na universidade onde eu dava aula, muitos professores gostavam de Khalil Gibran, e eu perguntei a vários deles: "Pode me dizer algo sobre essas sete irmãs?"

Eles diziam: "Sete irmãs? Não sei nada sobre isso".

"Que tipo de leitura vocês fazem?", eu perguntava. "Khalil Gibran está dizendo: *e a última dentre elas é mais bela que o prazer.*"

Costumavam me responder: "Você faz uma leitura estranha. Já passamos por essa frase, mas não tivemos nenhuma dúvida. Agora que pergunta, também nos questionamos sobre quem seriam essas sete irmãs". As pessoas do Ocidente certamente não perceberão. Se nem no Oriente sabem quem são as sete irmãs, quem dirá no Ocidente!

O tantra fala de sete centros de energia – e o prazer não é nem o primeiro. O prazer fica abaixo do primeiro centro. O prazer é um fenômeno biológico; é sua sexualidade. Ele usa sua energia, mas está amarrado com a biologia. A biologia quer que você tenha filhos, pois a biologia sabe que você não é confiável, podendo estourar a qualquer momento!

A biologia tem seus próprios meios de conservar o fluxo da vida. Se não houvesse prazer na experiência sexual, não acho que homens e mulheres teriam muitos filhos, e a coisa toda iria parecer tão boba, uma ginástica estranha! As mulheres têm consciência disso, só os homens é que não têm. Ao fazer amor, as mulheres querem apagar a luz, mas os homens querem a luz acesa. É raro uma mulher ficar de olhos abertos ao fazer amor.

Ela fecha os olhos – deixe esse tonto fazer o que quiser. Se não houvesse prazer... Trata-se de um truque e de uma estratégia biológica – é como dar chocolate a uma criança –, um pouco de prazer para que você passe pela ginástica. E lentamente você se acostuma ao chocolate...

Acima do centro do prazer fica o primeiro chacra, que, às vezes – raramente –, é experimentado por acaso. As pessoas não conhecem toda a ciência do tantra, caso contrário compreenderiam o primeiro centro com facilidade. O pequeno prazer ao fazer amor não basta para levar você ao primeiro centro, mas se seu ato provocar a explosão de um orgasmo...

Mas as pessoas são tão rápidas ao fazer amor! Essa rapidez é um subproduto de sua formação religiosa, pois as religiões sempre condenaram o sexo. Não conseguiram destruí-lo completamente, mas o envenenaram. Então, até quando pessoas apaixonadas estão fazendo amor, elas sentem vergonha, como se estivessem fazendo algo feio. Sendo assim, quanto mais rápido, melhor!

Para os objetivos biológicos, tudo bem – a biologia não está interessada em sua experiência orgásmica. Mas se você puder prolongar o ato sexual, se puder fazer dele uma meditação, silenciosa e bonita; se puder fazer dele um ato sagrado... Antes de fazer amor, tome banho, e quando entrar no quarto entre com o mesmo sentimento de quem entra em um templo. É um templo de amor, mas nesse templo de amor as pessoas estão brigando, discutindo, incomodando, jogando travesseiros umas nas outras, gritando... assim se destrói todo o clima.

Você deve queimar um incenso, tocar uma música bonita, dançar. Não deve ter pressa para fazer amor – isso deve ser o auge do jogo. As pessoas devem meditar juntas, ficar em silêncio juntas, dançar juntas. Nessa dança, nessa união, nesse canto, com incenso, devem fazer do quarto um templo, e só depois...

Você não deve se esforçar para fazer amor. Deixe que isso aconteça espontaneamente, por si só. Se não acontecer nada, não se preocupe – você aproveitou a meditação, a dança, a música. Foi uma linda experiência, pronto.

Seu amor não deve ser uma ação, mas um fenômeno espontâneo que surpreenda você. O amor será orgásmico apenas com espontaneidade. E, assim que o amor se torna orgásmico, você chegou ao primeiro chacra, você se encontrou com a primeira irmã – que é muito mais bonita do que o prazer.

Os três primeiros chacras são autocentrados: o primeiro é o prazer orgásmico inconsciente; o segundo é meio consciente, meio dormente; o terceiro é o prazer orgásmico completamente consciente. No terceiro, o amor e a meditação se encontram.

Os três seguintes... O quarto é o coração. Apenas no quarto chacra fica o início de um novo mundo – o mundo do amor. Abaixo dele só havia aperfeiçoamento da energia sexual. Com o quarto centro, você transcende o sexo completamente. Não há mais aperfeiçoamento. Você entra em um novo tipo de energia qualitativamente diferente da sexual. É a mesma energia, mas tão aprimorada que o próprio aperfeiçoamento faz dela um fenômeno inteiramente novo.

No quarto centro, quando você está entrando no amor, pode senti-lo, mas não consegue expressá-lo. É tudo tão novo que não há palavras. É tão desconhecido e tão repentino que o tempo para, a mente para. De repente, você está em um silêncio que jamais imaginou.

Com o quinto centro, a expressão chega ao ser: o amor se torna criatividade. Ela vai encontrar formas diferentes de expressão em pessoas diferentes – pode ser música, poesia, escultura, dança. As possibilidades são infinitas. Mas uma coisa é certa: quando você está no quinto centro, o amor é criativo.

Abaixo do quinto centro, o amor era apenas produtivo – produzia filhos. No quinto centro, ele se torna criativo, você cria novos tipos de filhos. Para o poeta, a poesia é sua cria; para o músico, a música é sua cria. No quinto centro, todo mundo vira mãe, um útero.

Esses dois centros, o quarto e o quinto, são centrados um no outro. Os três primeiros estavam centrados em seu próprio eu. É por isso que o sexo nunca satisfaz, é sempre uma discussão, uma briga. Ele gera inimigos íntimos, não amigos, pois ambos os parceiros são autocentrados. Ambos desejam, ninguém está preparado para doar.

O quarto e o quinto mudam a direção. a transformação parte do querer para o dar. Portanto, não há briga, nem ciúme nem discussão no amor. Ele oferece liberdade. É criativo – cria algo bonito para o outro, o ser amado. Pode ser pintura, música, pode ser um jardim bonito, mas o centro está no ser amado. Não se trata do próprio prazer, mas da felicidade e do prazer do outro. Se o outro está feliz, você está feliz.

Com o sexto centro, de novo a sua energia entra em uma nova experiência. No tantra ela é chamada de "terceiro olho". É apenas um símbolo. Isso significa que você obtive uma clareza de visão, consegue enxergar sem impedimento; não há cortinas diante de seus olhos, nada atrapalha a sua visão. Você consegue enxergar sem nenhuma projeção, consegue ver as coisas como elas são, em sua verdade, em sua beleza. Você não está mais projetando algo. Antes desse centro, todo mundo faz projeções.

Claro, há pessoas que não serão capazes de apreciar música clássica, pois foram treinadas a projetar... Só conseguem apreciar música moderna, contemporânea, ocidental – que, para a pessoa realmente musical, não passa de barulho insano, um tipo de neurose. As pessoas pulam e gritam, desde os Beatles aos *skinheads*. É uma insanidade, não é música. Porém, para apreciar música clássica, é preciso uma certa disciplina.

Se você deseja apreciar a música do vento que passa pelos pinheiros, vai precisar de clareza, de silêncio; não está esperando nada, não está projetando nada.

Com o terceiro olho, você não está mais separado do outro. Nos três primeiros centros você era autocentrado; nos dois outros centros, você se voltava para o outro. Com o sexto você se torna um com o outro – a separação não mais existe. Os amantes começam a sentir uma espécie de sincronicidade. Os batimentos cardíacos de ambos têm o mesmo ritmo, eles começam a compreender um ao outro sem dizer nada.

O sétimo – o máximo que o homem pode alcançar no corpo – é denominado *sahasrar*, o sétimo centro de seu ser. Você se torna um com o universo inteiro. Primeiramente, você se torna um com seu amado no sexto centro; no sétimo, você se torna um com o definitivo, o todo. Essas são as sete irmãs que Khalil Gibran menciona. E esse é todo o espectro do desenvolvimento espiritual.

Não ouvistes falar do homem que cavava a terra à procura de raízes e descobriu um tesouro?"

Esse é um antigo ditado do Líbano. Um homem estava cavando em busca de raízes. Estava faminto, mas não tinha recursos nem para comprar frutas, então cavava em busca de raízes para comer. Mas encontrou um tesouro. Ao fazer essa referência, Khalil Gibran está dizendo: "Nós começamos cavando raízes – prazer –, mas se você continuar cavando, talvez encontre o tesouro dos tesouros".

De fato, foi estabelecido por todos os místicos do Oriente que com o sétimo centro você se torna absolutamente livre de todas as prisões, de todos os pensamentos, de todas as religiões, de todas as ideologias. Com o sétimo centro, sua gaiola desaparece.

Você agora pode respirar ao ar livre e voar até as estrelas.

Osho International Meditation Resort

Localização

Localizado na cidade de Pune, na Índia, a aproximadamente 160 quilômetros a sudeste de Mumbai, o Osho International Meditation Resort é um destino de férias diferenciado que se estende por mais de 40 acres em um arborizado bairro residencial.

Meditação

Uma programação diária e personalizada de meditações inclui tanto métodos tradicionais como revolucionários e especialmente o Osho Active Meditations™. As meditações acontecem no que talvez seja a maior sala de meditação do mundo, o Osho Auditorium.

Osho Multiversity

Sessões individuais, cursos e *workshops* que abordam temas diversos, como artes criativas, tratamentos holísticos da saúde, processos de transformação pessoal, mudança de vida e de relacionamento, transformação da meditação em um estilo de vida, ciências esotéricas e abordagem do zen nos esportes e no lazer. O segredo do sucesso do Osho Multiversity está no fato de que todos os programas são acompanhados de meditação, reforçando o entendimento de que os seres humanos são mais do que apenas a soma das partes.

Osho Basho Spa

O luxuoso Basho Spa possui uma piscina exterior cercada por árvores da floresta tropical. Todas as instalações – a *jacuzzi* espaçosa e singular, as saunas, a academia, as quadras de tênis – são complementadas pela belíssima paisagem dos arredores.

Cozinha

Diferentes áreas destinadas às refeições servem deliciosos pratos vegetarianos das culinárias ocidental, asiática e indiana – a maioria dos alimentos é cultivada de maneira orgânica especialmente para o *resort*. Pães e bolos são confeccionados na padaria do *resort*.

Programação noturna

É possível escolher entre diversos eventos – e dançar está no topo da lista! Há também sessões de meditação sob as estrelas, *shows* de variedades, *performances* musicais e meditações para o dia a dia. Pode-se também desfrutar da companhia das pessoas no Plaza Café ou da serenidade dos belíssimos jardins em uma caminhada noturna.

Serviços

É possível comprar todos os produtos de higiene básica na galeria. O Osho Multimedia Gallery oferece uma grande variedade de produtos do Osho. Há também um banco, uma agência de viagens e um *cyber cafe*. Para os que gostam de fazer compras, Pune tem diversas opções de lojas, que oferecem produtos tradicionais indianos e de grandes marcas internacionais.

Acomodações

Pode-se ficar nas elegantes acomodações do Osho Guesthouse ou, para estadias mais longas, contratar os pacotes de acomodação Osho Living-In. Também há uma grande variedade de hotéis e *flats* nos arredores do *resort*.

www.osho.com/meditationresort
www.osho.com/guesthouse
www.osho.com/livingin

Para mais informações, visite:

www.osho.com

Esse amplo *website* disponível em vários idiomas oferece uma revista e outros produtos que difundem as ideias de Osho: os livros, as palestras – em formato de áudio ou vídeo –, o arquivo de textos de Osho em inglês e hindu, e extenso arquivo de informações sobre o seu método de meditação. Também estão disponíveis a programação de cursos do Osho Multiversity e outras informações sobre o Osho International Meditation Resort.

Sites:
http://Osho.com/AllAboutOsho
http://Osho.com/Resort
http://Osho.com/Shop
http://www.youtube.com/oshoInternational
http://www.Twitter.com/Osho
http://www.facebook.com/Osho.International

Para entrar em contato com a Osho International Foundation visite www.osho.com/oshointernational ou escreva para oshointernational@oshointernational.com

Compartilhe a sua opinião
sobre este livro usando as hashtags
#AcrediteNoAmor
#Osho
nas nossas redes sociais:

 /EditoraAlaude

 /EditoraAlaude

 /AlaudeEditora

Compartilhe a sua opinião
sobre este livro usando as hashtags
#AcrediteNoAmor
#Osho
nas nossas redes sociais:

 /EditoraAlaude
 /EditoraAlaude
 /AlaudeEditora